警署內外

警察指揮官手記

何明新 著

商務印書館

責任編輯　楊賀其
裝幀設計　趙穎珊
排　　版　周　榮
印　　務　龍寶祺

警署內外—警察指揮官手記

作　　者：何明新

出　　版：商務印書館（香港）有限公司
　　　　　香港筲箕灣耀興道 3 號東滙廣場 8 樓
　　　　　http://www.commercialpress.com.hk

發　　行：香港聯合書刊物流有限公司
　　　　　香港新界荃灣德士古道 220−248 號荃灣工業中心 16 樓

印　　刷：新世紀印刷實業有限公司
　　　　　香港柴灣利眾街 44 號泗興工業大廈 13 樓 A 室

版　　次：2024 年 2 月第 1 版第 1 次印刷
　　　　　© 2024 商務印書館（香港）有限公司
　　　　　ISBN 978 962 07 6728 9
　　　　　Printed in Hong Kong

序

　　首先感謝商務印書館（香港）有限公司和總編輯毛永波先生的協助，使這本書 ——《警署內外 —— 警察指揮官手記》，系列的第三本面世，同時亦幸運地與年青有為的楊賀其編輯合作，過程中加入了他的專業和多角度看法，使內容生色不少。

　　這本書收錄的文章，大部份是我在香港其中一個最困難的時期 —— 2019 年修例風波（又稱黑暴和社會事件等）及隨後的新冠疫情期間完成，無論在搜集新資料、確認舊資料、重返現場和尋訪當年的人和事等都困難重重，極富挑戰性，而過程中最難過和最傷感的，還是有些人在這段時期相繼離去 —— 有些移居外地，有些卻駕鶴西歸。但無論如何困難，我對追尋事實真相和豐富故事內容都是鍥而不捨。慶幸暴亂和疫情已過，一切開始重回正軌，拾級而上，香港亦由亂到治，由治及興，更高興見到現在香港管治班子有多位是前紀律部隊人員，當中包括特首和政務司副司長，都是來自警隊，亦有幸當年曾與他們一起分別到內地和英國考察。當年曾與現任特首李家超先生到北京考察時，更獲當時的國家副主席習近平接見，更與他談及香

港的公眾遊行活動管理，他鼓勵我們說警務工作辛苦，任重而道遠，後來他的助理還送上一張與他握手的照片，至今一直好好保存。

科技與人工智能（AI）發展一日千里，但始終都是源於我們的腦筋，所有發展應為人類福祉服務，而非取代人類和凌駕知識。今天資訊泛濫，但能夠真正成為知識而獲永久保存的不多，只要一按刪除（Delete）鍵便煙銷灰滅，唯有紙本或電子書中的知識才能永久保留，只要想起便可隨意翻閱，鑑古通今，回味前人足跡展望將來。

本書所述是我服務社會 40 多年的所見所聞，很多不單是昨天的新聞，也是今天的寶藏，往事雖如煙，但令人回味，更是一盞引領前進的明燈，筆者在此拋磚引玉，為承傳而努力。

最後再一次多謝為這本書出版而努力的人，和於本書出現的人和事，當中包括閣下！

衷心感謝！

何明新 頓首
2023 年 11 月 15 日
寫於香港島南

目錄

第二章　前線執勤之所見所聞

第三章　警隊內的地道情懷

第四章 警隊的社會角色

第一章

何 Sir 話當年

1.「花朵」

　　「花朵」不是指一般的花卉，而是類似於「花名」，但當中最大的分別是，一般「花朵」是用於工作上或是俗稱搵食用的，多是別人所改而不是自創，有些人甚至從不知自己的花朵。警務人員因工作關係接觸不同層面和國籍的人，達官貴人、知識份子、三教九流和各行各業都有，很多他們創的花朵是融合不同階層文化和語言，很多非常「啜核」，有些是音譯如英譯中，有些是隱含意思的，有代表該人的品行性格，亦有一些完全是搞笑等。喜歡飲酒兼經常飲醉的一般稱為「大醉俠」；一鼓作氣而做事不顧後果的稱為「撞死馬」；做事較有膽識但粗枝大葉的稱為「阿狼」；事事過份小心的稱為「小便入樽」；看報告時每頁都問的叫「葉問」；膽小的叫「沙膽（像沙這麼小的膽量）」。另有一些有趣並持相反意思的花朵，稱為「侏儒」的通常都是很高大身材；叫「巨人」的通常個子矮小；而「聰明仔」一般都是不甚聰慧或只有小聰明；稱為「博士」的一般都是唔識字，口頭禪「唔識字扮博士」。

當年警隊有很多外籍警官，通常他們來港時，警察總部都為他們音譯或意譯一個很有意思和文雅的名字，例如：Halliday 夏禮德、Deptford 戴德福、Prowse 包博思等，但一般同事特別是前線的總喜歡以外籍警官的名字、性格和作風等而度身訂造一個花朵，他們有些直至退休離開香港時都不知道。有位名叫做 Bowick 的警官，因為性格很暴戾被稱為「暴君」；很倔強及有點躁狂的 Robinson 被稱為「牛精良」；比較和藹可親的 Howcroft 則叫「何舅父」；而有一些比較風趣的 Morgan 被音譯為「毛巾」；Kerrigan（顧理勤）變成「咕喱緊」；Hancock 因為讀音 hen 與 cock 譯作「鴛鴦雞」；Smallshaw 稱為「細 small 傻 shaw」；而 Merrick 因為喜歡跑長途所以就叫「馬力」，取義「路遙知馬力」；Margaret 有譯作「貓骨」、Catherine 謂「瘦貓」。有些貌似明星的亦有花朵：有姜中平、李小龍，蔣金的親戚稱為「獎品」、金漢的親戚稱為「銀漢」；最絕的還是一個品行不佳的 Peter 譯為「卑鄙」。因此，很多時候憑一個人的花朵可略知該人的性格及其受歡迎程度等，亦是在挑選及人事管理上其中一個參考指標。

至於「花朵」的由來，相信與國民黨軍人於三四十年代參與走私活動有關，因他們可利用黨員身份穿州過省而不需接受檢查，而黨徽正是一枚「花朵」—— 梅花在上。若某人主動地把自己的身份或地位告知別人得到尊重和利益

等好處，則是「撻朵」或「響朵」。「朵」越「響」，代表知名度越高，但這又不一定是好，正如中國名句「人怕出名豬怕肥」。

顧理勤警官變成「咕喱緊」

FELICIA WONG LEUNG KAM SHAN, CPM, QPM, BBS
1943 - 2009

王梁錦珊，警隊首位女性助理警務處長 —— 人稱「皇阿媽」，早年花朵「雞仔梁」

2. 太平紳士 J.P.

Justice of Peace 簡稱 J.P.，英文原意為「和平的公證人」，譯作太平紳士，是香港早年師爺（Interpreter 傳譯員）的傑作，相信是源於中國的士紳概念。士紳是一種較上層社會和有權力的人，權力是來自統治者，士紳是代理人。這制度是英國十六世紀封建時代的一種傳統產物，設立目的是授予平民一種特殊階級，協助皇室統治。

在香港，太平紳士前身是「英屬香港治安委員」，由港英政府授予權力，包括：一、依據治安法例，治安委員可以制止非法集會，下令和平散去，否則拘捕及可進入任何屋宇搜捕擾亂治安的人。二、根據軍火條例，可簽發搜查及拘捕令，搜查軍火及拘捕犯罪者。三、根據賭博條例，簽發搜屋令及拘捕令，偵查及拘捕非法開賭及聚賭人士。四、依據毒品（鴉片）條例，簽發手令搜查非法鴉片及拘捕犯法人士。五、視察監獄及麻瘋病院。六、處理非法社團及罷工等權力。

1843 年，砵甸乍（Henry Pottinger）就任第一任港督

後，於同年 6 月 30 日委任 44 名英國人為首屆「英屬香港治安委員」，包括首任總裁判司威廉·堅（William Caine）及多名鴉片商人。因只委任英國人，引起當時香港頗有勢力的波斯商人不滿，上書英國倫敦政府，一年後有波斯人被委任為委員，有見及此，華人在後來力爭，但直至 35 年後的 1878 年才有第一位華人伍才（又名伍廷芳）被委任為治安委員。

除了治安委員外，當時警務處的警司（Superintendent）亦獲授予相等銜頭和權力，警司階級相等於太平紳士。

雖然獲委任為 J.P. 的人不少，但實際願意行使法律授予權力的 J.P. 則絕無僅有，多是享受這銜頭和榮譽，頂多只做一些探訪監獄等工作。而實際執行所有權力的只有各區的警司，所以直至今天，警司仍擁有這方面的權力，包括簽發搜查令、拘捕令和普遍使用的警司警誡等。

現時香港太平紳士分為官守太平紳士、非官守太平紳士和新界太平紳士三種，他們的遴選程序和條件都不同。官守太平紳士主要是公職人士，例如全港各區的民政事務專員，隨職位被委任為官守太平紳士，方便履行職務，卸任時該官員的太平紳士銜隨即喪失。

被委任為太平紳士的人越來越多，他們的權力、地位和尊貴，與當年相比已不可同日而語了。不變的只是今天的警司和當年有太平紳士銜的警司仍然行使相同的權力。

砵甸乍（Henry Pottinger）

伍才（伍廷芳）

政府授予權力

3. 行刺港督

　　香港自 1841 年開埠至 1997 年回歸祖國期間，共經歷 26 任港督，只有一位曾被企圖暗殺，他就是梅含理（Francis Henry May, 1860-1922 年）。他亦是唯一一位曾在香港當差的港督，於 1893-1901 年在香港當警察司（Captain Superintendent of Police），相等於現時的警務處處長，在警察司任內負責接收新界。英國強迫滿清政府簽訂《展拓香港界址專條》，租借界限街以北、深圳河以南（不包括九龍寨城）及附近二百多個島嶼 99 年，由 1898 年 7 月 1 日至 1997 年 6 月 30 日止。他於 1899 年 3 月至 4 月接收新界期間，曾多次被村民圍困於大埔山頭，險被殺害。他最後聯同英軍經六天與反抗的村民激戰，才成功接收新界，但造成大量村民死傷，史稱「新界六日戰爭」。

　　1901 年，他獲升為輔政司，於 1911 年 2 月被調往英國殖民地南太平洋島國斐濟羣島短暫擔任總督，同年 7 月回港擔任第 15 任港督。同年 7 月 4 日，他和夫人乘坐輪船在中環卜公碼頭登岸，分別坐上兩頂四人大轎，前往大

會堂宣誓為香港總督。就在往大會堂途中，有一男子突然從人羣衝過警方封鎖線，走向載着梅含理的轎子，在幾呎外向他開槍，子彈在梅含理身旁飛過，打中其夫人轎子的木框，可能因為曾當警察，他非常鎮定，下令繼續行程，進入大會堂宣誓成為香港總督。但他從此不再坐轎，並在任內引入汽車。

槍手李漢雄被在場警察拘捕，後被判無期徒刑。在審問期間，李漢雄供稱刺殺梅含理原因是他不滿梅含理處事不公及歧視華人，但那時處事不公及歧視華人是普遍的，所以一般相信另有原因，包括：梅含理當年擔任香港警察司期間，使用高壓及寧枉毋縱手段對付黑社會組織，造成很多冤案，黑社會堂主為了報復，僱用李漢雄為殺手企圖行刺他。另一較可信原因是，梅含理在新界六日戰爭及其後圍剿反英人士時，手段兇殘及殺了很多無辜的新界人，而李或其家人是其中一些受害者，故萌殺機。

他是在港英政府期間，唯一被企圖刺殺的港督。他亦是歷任港督居港時間最長的，從官學生年代開始，歷任多個公務職位，官拜至港督。他居港接近 40 年，直至 1918 年因病離任，次年正式退休，1922 年病逝。

在香港，以他名字命名的地方有港島半山梅道、香港大學的梅堂。而他的銅像亦曾豎立於中環，可惜於第二次世界大戰時被日本人拆下及運往日本，戰後港府曾派人到

日本搜尋，但找不到，相信已被溶掉來製造軍械和子彈等
武器。

（右）擔任警察司（警務　　就任港督的梅含理
處長）時的梅含理　　　（照片來源：警隊博物館）

在制服槍手時，梅含理在轎上

4. 那些年的日本豪客

　　香港人很喜歡到日本旅遊和掃貨，亦成為當地經濟主要來源之一，但在七八十年代，恰恰相反，那時日本經濟起飛，日本人是香港主要旅客來源，為了迎合日本旅客，很多人學日語，香港警務處亦特別加開日語班和設立日語熱線，專供日本遊客使用，很多同事亦因懂日語而步步高陞。港英政府為迎合這潮流，亦將曾被日本打敗及佔領香港的黑暗歲月從教科書抽起及美化其侵略行為，所有向日本政府追討的軍票及損失賠償等亦被禁止，這亦影響到今天香港人對這段歷史的認識和所欠港人的應得賠償。

　　那時日本遊客對香港經濟是有很大幫助的，包括一般貨品及色情行業等，很多在灣仔及銅鑼灣的「聯誼會」更特別為日本男賓舉辦「真人 show 色情表演」——生春宮（又稱活春宮，指性愛露骨動作）。

　　在飲食方面，很多今天有名的如「魚翅撈飯」和「龍蝦做早餐」等都是源於招待這些貴客。那時有一家非常有名的海鮮魚翅酒家——「新同樂」，特別從美洲入口當時專利

的「象拔蚌」名為「銀鑪拔蚌」，500 元一條，相等於當時一個文員半個月薪金。又引人一斤兩隻的對蝦和伊朗野生鱘龍等，日本豪客更以每小時 500-600 元租用名車勞斯萊斯房車接送到酒家。當然，酒家亦僱用穿高衩旗袍美女（多是舞小姐兼任）招待那些「手多多」的豪客。有一位女侍應告訴我，她雖然工資低，但每晚小費都不菲，一般都有 2000 元或以上。豪客有一陋習，就是隨處小便（便溺），很多時都見那些日本男子在街角牆邊小解，旁若無人。警察巡邏時，為免麻煩，都是隻眼開隻眼閉，因上頭曾訓示「不要騷擾這些豪客」，以免影響香港的「無煙工業」。

那些豪客亦成為「打荷包（Pickpocket）」和被強搶的對象，有不同集團在遊客區（那時主要是銅鑼灣和大坑虎豹別墅內）「搵食」。「文雀」就是受過訓練的專業打荷包賊匪，他們來自南美、歐洲、蒙古和東南亞都有。為了應付這些「文雀」，警隊曾成立來自不同部門的專責「防止打荷包隊（Anti-Pickpocket Team）」去應付這些罪案。直至日本經濟泡沫爆破，日本豪客消失，文雀的「手門」（扒竊手法）亦因無用武之地而漸漸失傳。

「虎豹別墅」是當時日本客旅行團必到的地方，究其原因，可追溯至很懂「看風駛舵」的原主人胡文虎與日本的關係。在日本人佔領香港期間，他的報紙「星島日報」仍可以「香島日報」繼續發行，他的永安堂繼續生產及銷售「萬金

油」，他更獲邀於 1943 年 7 月 13 日在東京會見發動東亞戰爭（戰後列為頭號戰犯）的東條英機，他的兒子胡一虎和孫兒胡督日分別娶了日本籍妻子，他亦於二戰後多次捐款給日本救災，靈活地遊走於不同的政權下，以今天潮語論便是「冇得輸的醒目仔」。

新同樂海鮮酒家

大豪客與名車

虎豹別墅

5. 和記大廈與 ICAC

　　1974 年落成的和記大廈，位於香港島中環夏慤道 10 號，曾為和記黃埔集團（Hutchison Whampoa Limited）總部，於 2019 年 4 月 1 日關閉，拆卸後重建，改名為長江集團中心二期 Cheung Kong Center II 甲級商廈，於 2023 年建成。

　　和記大廈，和香港近代發展歷史有很大關係，1974 年落成時，剛好那時「總督特派廉政專員公署」（Independent Commission Against Corruption，簡稱 ICAC）成立，政府便租用多層用作 ICAC 執行處總部，直至 1978 年遷至毗鄰的美利道停車場，再於 2007 年搬往北角政府興建的總部。

　　香港史上稱為「警廉衝突」及後使香港成為世界上最廉潔城市之一，就在這裏發生。

　　在 ICAC 成立之前的港英政府，香港行賄及貪污盛行，大有大貪，小有小貪，政府有政府貪，民間有民間貪，不止在香港貪，更有些高官在老家倫敦也一樣可以貪。那時

政府很多裝備必需使用來自英國老家出產的便是一例，很多東西例如當時堅持引入的吉普車 Land Rover，那是十分昂貴卻不適合香港天氣和道路的。

當年總警司葛柏貪污逃返英國，英國政府拒絕引渡他回港受審，由於當時的香港法例——「收入與官職收入不相稱」罪是不符合英國的「無罪定律」。港督麥理浩為平息香港民憤，急就章成立廉政公署，起用警隊前政治部主管彭定國為執行處處長，聘用大批現職或前警務人員為執行處職員，對警隊進行針對性調查，高調地進行拘捕行為，連一些雞毛蒜皮的案件都展開調查，使很多警務人員變成嫌疑犯，濫用特權，不尊重在職警務人員感受，例如隨意在警署搜查人員的衣櫃及辦公室等，使警隊人心惶惶，人人自危。警員有可能因為只是出更後去大排檔吃了一碗老鼠肉（雲吞麵），檔主拒不收錢，便有機會被拘捕及起訴。當時很多人申請提早退休，甚至辭職。在忍無可忍的情況下，警員和他們的家屬作出了強力反彈。

於 1977 年 10 月 28 日，數以千計的警察和家屬遊行至灣仔軍器廠街警察總部集會，要求警務處處長施禮榮向政府反映當前的問題及對香港社會的不利。部份人更遊行至和記大廈的廉政公署抗議他們的辦案手法，最後與公署人員發生爭執，演變成互相推撞，後有 5 名 ICAC 人員報稱受傷。但據當日被派往廉政公署外維持秩序的港島衝鋒

隊員説，衝突主要是當時 ICAC 的一名「西洋仔」用歧視手勢和説話挑釁前來抗議的警務人員，才引起衝突！

事件發生後，震動英倫，更考慮出動英軍鎮壓，但最後權衡輕重，港督麥理浩於 11 月 5 日宣佈對過去幾乎全部案件所涉及的大部份小規模貪污事件發出局部特赦令，特赦於 1977 年 1 月 1 日以前所有涉嫌貪污而未被檢控的公職人員。讓香港重新上路開新篇。

所以和記大廈是香港發展和廉政發展一處重要地標，可惜現時已煙銷灰滅！

準備拆卸的和記大廈

演變成打鬥（照片來源：警隊博物館）

（左一）第一任 ICAC 專員姬達（Jack Cater）

港督麥理浩於 11 月 5 日宣佈對過去幾乎全部案件所涉及的大部份小規模貪污事件發出局部特赦令。

6. 奇招出奇兵
—— 學堂打得少

　　一班來自駐守不同環頭（警署分區）的舊同事聚會，談天説地，除了談些世界大事外，總離不開回味一下當年在學堂的生活點滴，很多今天説起來是趣事，但當年真的是苦事。那時人浮於事，如不是為生活，很多當年都捱不到畢業，咬緊牙關，關關難過關關過，最後做了一輩子警察。

　　我入學堂當警員的年代，一般都是教育水準不高，大部份都是小學初中（中三）畢業的 20 來歲小伙子，大部分來自比較低下階層或家中有成員當差的。每班 20 至 40人，教官班主任是一位高級督察，副班主任是一名警長（沙展），一般來説，班主任的教育水平較高（中學或預科畢業），負責教法例；而副班主任是負責教步操、槍械和執行紀律；而自衞術和體育則沒有固定教官，是由一些體育教官（Physical Training Instructor，簡稱 PTI）輪流教導，很多都是警員或處任警長（Acting Sergeant）。

　　法例方面只要努力溫習和強記，便不難合格，甚至取

得優異成績，而自衛術和體育亦是易學和好玩的，最辛苦和最難受的是步操，沙展教官一般很惡和很喜歡「郁手郁腳」的，特別是所謂「見光死」，即在戶外時，稍有差池便會遭惡言相向和體罰。那時教官說，畢業後出到街上工作時會遇到不同的困難和被刁難，如不訓練好忍耐力、專注力、體力、情緒商數和放下個人尊嚴便糟糕了。所以很多教官都有很多奇招去訓練學警，有趣例子有很多，如：忘記剃鬚就罰在午膳時間企在食堂外拿着鬚刨扮剃鬚、白腰帶不夠潔白就拿着腰帶和白鞋水示眾、在操場操練得不好就罰舉高來福長槍在操場跑圈或全班在烈日下操練直至多人暈倒為止。最慘還是星期六、日不准回家，由於當時是寄宿，一星期只有星期六下午和星期日可回家見見父母和吃餐好的。罰留校更要每半小時換一次軍裝或體育裝輪流去更樓報到。那時有很多很有名的打人教官，向學警拳打腳踢，他們的花朵有：千手神拳、無影腳、李小龍、傻兵、鱷魚仔和神經六等，憑他們花朵可知其性格和行為，那時的管理層主要是外籍警官，這些體罰是容許的，很多時都是在操場發生的，我當時就見過一名教官打學警打至斷了教官棍，然後順手把斷棍拋入草叢。當時的我初生

教官棍

之犢，大着膽子在晚上偷偷走入草叢尋回那斷棍，一直保留到今天。

當然今天看來那些奇招是不可取的，而受罰的更可能終生留下陰影，有些更有樣學樣將奇招用於他人身上，但亦有一些明知這些方法不行，晉身成為管理層後，就把「奇招」改正及引入追上時代的教學方法。

那時為了在上級檢閱和查房（將所有裝備展示在床上和查察吧叻（Barrack 宿舍營房））不被刁難和希望有 Good（取 like），很多時都要自掏腰包去購買或保養裝備，例如電鍍肩膊上的警員編號和為皮帶槍袋等上漆。至於清潔方面則用上人肉吸塵機，用手拿着膠紙瓿隆瓿礴去黐那些塵埃，省（擦）銅和洗廁所則是較易做好的工作。

有「千手神拳」之稱的教官

所有裝備展示在床上

但事實證明那些年的奇人奇招，卻訓練出吃得苦和自身硬（堅強）的奇兵，為香港過去的不平凡日子作出貢獻。

回顧學堂訓練的遭遇

「六七十年代初進學堂，學堂／警校（現稱警察學院）猶如少林寺，學成下山，要打出木人巷。因此有名言「未被教官打過，出不到學堂」。幸而筆者教官心地好，又因筆者步操時注意力集中和專注，故很少被打。有一位同學入了學堂大約兩三週，不甘受辱，喊着辭職走。由於他自小從未被父母打過，感到羞辱，受屈辱氣難下。記得教官在

步操

第一週放假前，對全班同學講：「你班衰仔，放完假一係帶錢返嚟辭職，以一個月薪金作代通知金，一係帶定跌打酒、跌打丸。受不到就早些走，唔好嘥大家時間。」嚇到真的想辭職，無奈家貧，「鬼叫你窮，頂硬上！」傳聞當年教官大多因不肯同流合污或不獲上級長官歡心而被「射」（放逐）入學堂，心情不佳以致有部份教官心理不平衡。正是心情不佳，因此要搵豬仔（學警）出氣。亦有學警怎樣教都操得差，成為出爐鐵——打不留手。筆者很可能是班中被打得最少，因而同班同學戲稱我為「打得少」。偶爾在街頭遇上，依然稱我花名「打得少」，相信他已忘記筆者真名。昔日朝氣勃勃的年青人，今日已變成白髮蒼蒼的古稀老人，相逢唯一笑，歲月無情！」

長槍操

7. 冧吧解密

　　有趣流行曲「數字人生」歌詞唱「填滿一生，全是數字，誰會真正知是何用意，煩惱一生，全為數字⋯⋯」。香港警察和政府僱員，都有一個數字職員編號，會否帶來煩惱，則視乎各人際遇及自己的看法，其中一主要用途是方便處理個人資料等事務。

　　回説歷史和起源，香港自開埠初，所有公職人員和一些公共及私人機構僱員，都有一個職員編號（Staff Number，俗稱：冧吧），用作身份識別。警隊自 1845 年成立以來，和其他公職人員一樣，每位警察都獲分配一個冧吧，供身份識別 [1] 及內部行政用途。以往在文字處理未發達的時代，每人都用一個代號 UI（Unique Identification）方便處理個人資料和統計等。在十九世紀初，為處理不同國籍及招募來自不同地方的警察，在他們的冧吧前加上 A,

---

[1] 當時每位警察入職時都需要上呈他們的身份證給警隊，而為了識別警察身份，警隊會編派一個警員號碼（冧把）給每位警察，因此當時的警察身上是沒有身份證的。

B, C, D 及 E 來識別，A 代表英國及歐籍、B 代表印度籍、C 代表本地廣東籍、而 D 代表在 1920 年代在山東威海衛招募來的警察、而 E 是由蘇聯十月革命逃到中國後加入香港警隊的白俄羅斯人，因為警員和警長在每一警區都是人數較多，為方便高級警長（咩喳，1972 年後改制稱為警署警長）和警官便於管理及容易於短時間內認識同事，便在制服上掛上冧吧。

這做法在第二次世界大戰後香港警隊重新運作時亦為了方便內部行政，把冧吧重新分配給不同國籍或部門警察，但於 1949 年左右取消冧吧前的英文字首。自此，正規警察沒有英文字母在冧吧前，直至 1959 年才把 A（Auxiliary）字加於輔助警察冧吧前。

二戰後，編號 1-2500 給廣東籍警察，2501-3000 號給來自北方人[2]，3001-3300 給印度／巴基斯坦籍，及 3301-3400 給衝鋒隊。後來更將編號 3401-3700、4501-5000、5501-5600、6001-6100、8201-8500 等分配給水師（警）；9001-9200 給水警輪上的大偈（輪機員）及 5001-5010、8xxx 等給女警員。1964 年後已到了編號 10000（俗稱萬字醬油），只留部份 11111（俗稱阿棍）及隨後小量編號給女警員，其他再沒有像如上分配給不同類別的警員

2　主要是來自山東威海，後來發現有假冒威海人。

了。而由於警長以上的人數不多，雖然都有冧吧，但不用展示於制服上。

　　警員和警長的冧吧與警署警長或以上的是不同組別，即如警員和警長升職至警署警長或以上，就換一組冧吧，我做警員警長時冧吧是 13xxx，升了督察後就換了另一組 UI 28xxx。但這做法現在已取消了，即警員警長升級至警署警長或督察仍保留其冧吧，直至離職，只不過不用展示於制服上。

　　隨了類別外，亦可以憑肩上冧吧看出那警察的服務年資。隨着後來推出「頂冧吧」，即重用一些退休或離職同事留下的冧吧，仍記得我們當年是「頂」一些舊冧吧，因那時

由蘇聯因十月革命逃到中國後加入香港警隊的白俄羅斯人（照片來源：警隊博物館）

水警胸前的「冧吧」

冧吧是金屬鑄造的，接收的時候已表面褪色，更需要自掏腰包去電鍍擦亮才使用，冧吧的內涵意思亦減少了！

仍記得當年入學堂領冧吧時，教官大聲訓令，及帶點侮辱説：「從今天開始，你個冧吧代表一切，你可以忘記自己個名，但不可不知自己個冧吧！」他重申：冧吧代表一切，各人那時都摸不着頭腦，只説：「Yes Sir！」

今天文字處理發達，市民教育水準提高，人權受到尊重，警察在制服上展示冧吧已不合時宜及帶點侮辱，而香港其他紀律部隊亦有些沒有展示冧吧的做法。相信員佐級警員肩上的冧吧在不久將來會退下制服，以一姓名牌之類配飾取代！

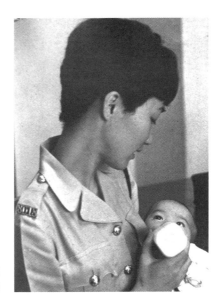

配給女警的 8 字頭「冧吧」
（照片來源：警隊博物館）

8. 捕房與報案室

　　警署新一代報案室引進了現代化設備，提高私隱度及安全保障，主要設施包括：電子羈留室巡查及警示系統、電子儲物櫃系統、羈留室閉路電視監控系統、加設防撞軟墊的臨時羈留室、一般羈留室，以及屏風分隔式櫃位。報案室前枱亦設有電子輪候系統及協助弱聽人士的裝置，為市民提供良好服務。

　　報案室 Report Room，在 1970 年代前稱為捕房（Charge Room），捕房的前枱比現時的高很多，值日官（幫辦級／坐堂幫）坐於高櫈上，報案就好像到當舖（大押）典當物品一樣，企着向上「稟告」案情。為防止報假案，浪費警力，值日官會好像審犯般盤問，手拿長木間尺，如果稟告得慢、詞不達意和稍有差池，便會扑向報案人的頭或身上。一旦遇到爭執或瑣碎案件，值日官更會判罰打手板，「行刑」後便驅離捕房。處理爭執或打架案件時，報案人有機會被關在羈留室（俗稱臭格），待冷靜後才驅離捕房，很少需要刑偵人員（CID）調查或告上法庭驚動法官（大老

爺）。由於每天早上送到初審裁判署（一般是第一號法庭）的案件是有限額的，法官（洋人裁判司）一般只是上午工作，下午便不知所終或躲在內庭「辦公」。當時我們戲稱這是「半日 On」，皆因當時有一位粵語片演員叫「半日安」。這情況直到楊鐵樑大法官上任才慢慢得到改善。

「捕房」名字相信來自中國古時衙門，武官稱為「捕頭」，偵查罪案（現今刑偵 CID）的稱為「快手」，統稱為「捕快」，而他們的衙門稱為「捕房」。1845 年，英國人在上海強佔土地設立租界，後美國和法國相繼加入在上海設立租界，在租界內擁有治外法權，不受中國大清律例管轄，自行建立執法隊伍。1854 年英國人在租界建立警隊，在今河南中路 11 號興建警署 Central Police Headquarters（後來中文譯為「中央捕房」），除負責治安工作外，還管理道路和協助徵稅等。英國在香港警隊借了一批警官到上海設立 Shanghai Municipal Police Force 或稱 Shanghai International Police，因沒有中文名字，當地人跟隨香港華人譯為「巡捕房」，後來法國和美國亦仿效在他們各自的租界設立，著名的有法國麥蘭捕房（Mallet Police Station）和霞飛路捕房（Le Poste Joffre）等。

香港開埠後的一段頗長時間，警察主要是管理外國人事務，而華人是由地保士紳管理，互不相干，港英政府的設施只有英文名，英譯中的名稱都是由師爺隨意翻譯。

八十年代報案室和落案大簿
（Report Book）

五六十年代的水警捕房

五六十年代的坐堂幫

值日官，攝於五六十年代。

不同時期在不同師爺手上會有不同譯法，警察局譯為巡捕房，相信源於古籍或師爺曾讀水滸傳第 13 回：「今喚你等兩個……一個出西門，一個出東門，分投巡捕，若有賊人，隨即剿獲，不可擾動鄉民。」巡捕亦是宋代一項官職，在科舉考試中執勤，主要職責是防止考生作弊。

捕房的前枱比現時的高很多，攝於五六十年代。

報案人簽名作實，攝於五六十年代。

9. 驛務司 —— 差館郵政

　　英國人於 1841 年佔領香港後，由於要處理很多軍人的家書，加上香港與各地的往來開始頻繁，郵政服務便於同年出現。基於戰略考慮和情報收集，香港郵政服務（主要是書信傳遞）由遠在倫敦的英國郵政直接管轄及控制，而所有郵政服務均需要親身到位於中環畢打街的郵政總局辦理。

　　直至香港的英國軍隊和附近的戰爭減少，以及香港經濟慢慢成形，所有郵政服務於 1860 年 5 月交回香港政府書信司（今之郵政署長，Postmaster General）管理。1862 年 12 月 8 日，香港正式發行自己的郵票。

　　在開埠不久，港英政府因使用華洋分治方式，把現今東角（灣仔銅鑼灣一帶）交外國人發展及居住，而上環則由華人發展成華人社區，當時很多華人已在海外包括東南亞、美國和澳洲等地經商和「掘金（開採黃金礦工）」，而很多在上環的華商及居民經常需要走到畢打街才可寄已貼郵票的信件，非常不便。當時郵筒已於英國本土街上設置並

普及使用。不知是港英政府的自發舉動，還是華人的要求，驛務司（書信司的後來譯名）於 1878 年 4 月在上環的文咸街（Bonham Strand）設置了一個郵筒及安排在附近一商店出售郵票作試驗，雖然寄信的人不多，但竟然也招致破壞和偷竊信件（因那時郵票費高昂，郵票有價，更使盜賊垂涎，特別是信件內的鈔票，早年因匯款服務昂貴，郵寄鈔票是很普遍的）。為減少損失，於同年 12 月遷往另一位於今林士街近德輔道中的船政廳（Harbour Master）附近，方便看管。而於同時又在西區巡捕房外設置另一郵筒（香港的第 2 號郵筒），而巡捕房內設置一小郵局，供郵差使用及售賣郵票等。後來很多較偏遠如赤柱和大埔等地方都採用這模式，郵政人員在巡捕房內營運郵政業務，既可保障郵件郵票安全，政府又可節省開支，而後來有一些如西貢、長洲等警署，更由警察代售郵票及收發信件。

自此，隨着香港發展，驛務司開始在香港各區設置由英國皇家郵政訂製而附有皇家徽號標誌的郵筒。回歸後，雖然很多郵筒都被髹上全綠色，但那皇室標誌仍清晰可見。數年前，香港郵政計劃拆除或用不同方式遮蓋那皇室標誌，引起一場小風波。當時，郵政署亦曾諮詢過我，我的看法是應保留及儘可能加以保護，避免日曬雨淋有所損毀，因為這始終是香港歷史一部份，不存在甚麼「去殖」或「戀殖」的狹隘思想。

值得一提的是，香港郵政於啟德發展區推出一款全新以玻璃纖維製造，外形以樹幹形態為藍本，後方印上代表泥土、水、樹根及空氣等的啟德基因條碼，象徵該發展區充滿生命力的郵筒，為市民提供更佳的創意服務。

昔日香港各區設置由英國皇家郵政訂製而附有皇家徽號標誌的郵筒。

位於中環的 239 雙筒大郵筒

赤柱郵政局外有新與古董郵筒

10. 告老歸田與
警察回內地需上司批准

很多人心中都有一個退休計劃，當中不乏有退隱田園，遠離塵囂，門前一畝地，閒來種花養魚等美麗夢想。

五六十年代香港仍未大規模發展時，這個夢想可在新界或離島實現。那時，西班牙式別墅等應運而生，吸引很多人購買那些美輪美奐小屋作退休之用。

隨着新界及離島的發展，郊外都變成市區，有些地方甚至比市區更稠密，退休回歸大自然的夢想已不易在香港實現。隨着內地改革開放，個人產權獲得尊重，很多腦筋靈活的香港商人很快便與內地鄰近鄉鎮／市領導合作發展退休村，吸引香港人購買以圓退隱田園夢。

這股風氣在 1980 年代末，1990 年代最盛，由於公務員收入穩定，有退休金和固定退休年齡，他們成為被推銷的對象。另一方面，在回歸前後期間，有一大批有能力的人移居海外，在東南亞及歐美等國家購置物業。在政治層面看，如能吸引部份人回內地置業，亦增加對回歸祖國

的信心，對香港前途有一定的穩定作用，幕後推手亦應記一功！

　　警隊是其中一個重要推銷點，雖然當時管理層沒有支持，但不見有反對，亦見有個案協助同事貸款去購置內地物業，有一點有趣的是，那時警察回內地是需要申請和説明行程，獲批准才可回內地，後來因為很多同事反對此舉，便美其名改為「通知 Notification」，但亦要上司「認收 Acknowledgement Receipt」才可作實。這相信是源於港英政府時期的「不想公務員與內地有太多接觸」心態有關，這做法到千禧年後才逐步取消。那時除了有同事「北上」置業之外，亦有很多會北上尋歡！因此，那時對一些經常北上的同事會特別留意的，而事實上，當時確實有一股歪風是北上尋歡和過大海（去澳門）賭博！

　　多個在香港鄰近和有直達車船所到的內地城市皆成為同事退休的理想之地，當中包括：東莞紫荊花園、常平部分小區、廣州祈福新邨和碧桂園、中山星辰花園和雅居樂、三鄉的小區、順德碧桂園、小欖金菊花園和較後期的珠海海怡花園等，那時有很多同事購買了，因為首期低，除了那些別墅需要一百萬多人民幣之外，其他只需十餘萬起便買到一個數百呎的單位，四周享有園林景色，有山有水，消費和起居飲食支出都比香港便宜很多，那時港幣又比人民幣高，所以吸引了很多四五十歲的同事購買作退休之用。

但出乎很多人意料之外，回歸後的香港原地踏步，靠吃老本度日。反之內地發展一日千里，很多昔日夢想的山水退休村附近早已高樓林立，山被移水被塞，田園和湖光山色都不及當年，甚至有些都不復見，處處成為石屎森林。港幣已不復當年勇，被人民幣追過，內地生活水平提高，物價控制亦放鬆了，在內地生活已和香港差不多，甚至比香港還貴。當年購買時的退休田園夢已不復再，很多那些退休村樓價亦大幅上升，由當年的二三十萬升至百多萬等，有見及此，很多人都把退休屋賣掉，將所賺的慢慢匯回香港作其他投資。

　　很多當年預計作退休村的都已變成內地人的主要居所，香港人只佔非常少。由於內地有「限購」規定，一般香港人是不可以購買這類住房，所以所有「退休屋」只可賣給有內地戶口的人，香港業主就變得買少見少！相信很快已沒有人記得這些屋苑別墅曾幾何時的目的，以及間接發揮穩定回歸前香港的作用！

　　但商人反應快，最近發展大灣區，又推出大灣區退休生活篇，口號是「先求知，後投資，退休生活作準備」，不知前車可否借鑑呢！

Annex
附件

To:
致:

NOTIFICATION OF PRIVATE VISIT TO MAINLAND AND/OR MACAU
前往內地及／或澳門作私人旅程通知書

Name   :   Rank/No.   :   Unit：
姓名   :   職級／編號：   單位：

Date of Visit : From :   To :
旅程日期   ：由：   至：

Destination :   Mainland   Macau   (tick as appropriate)
目的地：   內地   澳門   （請在適當方格加上☑號）
Contact Address and /or Telephone No.(if known)：
聯絡地址及／或電話(如有)：

*Reason(s) for late/post notification :
過期通知／事後通知的原因：

Signature: _____   Date: _____
簽   署: _____   日期: _____

*Applicable only for post visit notification
只適用於事後通知

You are reminded to deposit your personal issue revolver in your formation armoury
before you leave Hong Kong
請於離港前，緊記將你擁有發給個人的槍械，存放於所屬單位的槍房內。

You are to ensure, before completing this notification, that you read and fully
understand all the provisions of the captioned Order.
請於填寫本通知書前，閱讀並完全明白本通令的所有條文。

往內地及澳門通知（申請）書

第一章　何 Sir 話當年　37

11. 麥景陶教堂

　　麥景陶教堂不是教堂,近年譯為麥景陶碉堡,實際是警崗和瞭望台。麥景陶(Duncan William Macintosh, 1904-1966)是二戰後第一位警務處長,於 1946 年至 1953 年在任。戰前曾擔任新加坡警察部隊隊長,戰時成為戰俘,被日本軍關押在新加坡集中營。後來被派到香港的英軍臨時政府接掌警隊,結束英軍由 1945 年 8 月尾到 1946 年 5 月的軍法統治[3],當時的辛士誠上校(Colonel Charles Henry Samson)為軍政府時警察之首。麥景陶任內在邊境興建看似教堂的警崗,用作觀察內地與香港邊陲地方,外籍人員稱之為麥景陶教堂(Macintosh Cathedral)。

3　香港警務處高級警官會所 Senior Officers' Mess(回歸前稱為 Gazetted Officers' Mess)仍保存一把突擊刀(Commando Dagger),這把刀是由當時的第三突擊旅指揮官 N.J. Wills 贈與麥景陶紀念軍隊以示與警隊在香港重光後的合作。指揮官 N.J. Wills 曾於 1945 年 9 月 12 日於印度調職至香港,協助英軍從日本敗軍手中接收香港。贈刀儀式於 1947 年 4 月 17 日於槍會山軍營舉行,儀式舉行一個月後該突擊旅告別香港,調職至地中海的馬爾他駐守。

二戰日本於 1945 年 8 月 15 日無條件投降後，英國人搶先接收香港，而內地亦發生國民黨與共產黨內戰，於 1948 年後期，國民黨節節敗退，很多人逃難進入香港（1945 年戰後香港人口約有 500,000，1947 年已上升至 1,800,000。單單 1949 年至 1950 年初，有 750,000 人從廣東、上海等大城市來港，至 1950 年，香港人口已升至 2,360,000）。遷入香港的人，除了有混入的國民黨軍人外，亦混入了當時活躍於內地的天地會成員、清幫和不同規模的匪幫。首當其衝是邊界村落，經常遭劫掠，治安非常差，而在邊界用木和磚瓦搭建的警崗，亦常遭到襲擊和搶掠，被劫走的物品甚至包括槍和子彈。

最嚴重一次事件是於 1949 年 5 月 2 日晚上，四名隸屬打鼓嶺警署的軍裝警員在打鼓嶺和連麻坑間的邊界地區全屯下，被十多名匪徒襲擊及開槍射擊，一名警員中槍身亡，而其餘三名警員亦受傷，那名被射殺警員的配槍也被劫走。於 5 月 17 日晚上，同一匪幫襲擊及洗劫位於打鼓嶺警署附近的瓦窰警崗，兩名警員外出和一名警員在內洗澡幸免於難，而在外看守的警員被殺，匪幫劫走了一支衝鋒槍、兩支來福槍和那被殺警員的配槍，深圳軍警人員三天後於深圳北面一小村偵破該案，當場擊斃三名匪徒並拘捕五人，起回所有香港警察被劫走的槍械。

與此同時，英國政府高層已意識到國民政府軍的節節

敗退，指示港府擴充警隊及加強邊界防衛，在香港與內地邊界建設一系列警崗，於 1949 年至 1953 年間建成。而香港與內地的邊界更於 1951 年 6 月正式封鎖，只准持許可證人士才可通過。

麥景陶決定在邊界山頭具戰略位置興建觀察站，加強邊境的防衛及觀察內地收集情報，及後還肩負堵截非法入境者的重任。在冷戰時期，成為西方世界窺看中國的窗口，每次解放軍的大調防都觸動駐港英軍的神經。那些觀察站（麥景陶教堂）由誰人設計及源於何處現在已經無從稽考，但這是全世界獨有的設計，因在其他地方都找不到同樣的建築物，一般相信是仿照戰艦上指揮塔設計來建造。

所有麥景陶教堂都以紅毛泥（三合土）和鋼筋建造，有一致的建築風格，設計和佈局平面呈等腰三角形，「頂角」位置為兩層高的圓形瞭望塔，左右兩翼的一層高建築形成三角形的兩邊，瞭望塔及兩翼均為平頂，瞭望塔頂部呈圓形或八角形，兩翼上側建有具防禦作用的矮牆。

這些瞭望台沿邊界山頭，共建了七座，由東向西分別有伯公坳（沙頭角）、礦山（蓮麻坑）、白虎山（香園圍）、瓦窰（打鼓嶺）、南坑（文錦渡）、馬草壟（落馬洲）和白鶴洲（米埔）。

至於設備和裝備方面，當年的頂層是控制室，有無線電和地線電話，有 360 度觀景，用探射燈瞭望周圍一帶，

當年的 Gazetted Officers' Mess，筆者位於左二。

察站式的警崗

瞭望鏡

1991 年，總警司卓文（Vince Chapman）在白虎山的麥景陶碉堡上視察新裝上熱能探測器，用途是在夜晚偵察非法入境者。

白虎山麥景陶碉堡

由英軍或警察 24 小時監察邊界一帶，更裝有一部電油發動的發電機，提供電力及強力探射燈等設備。室內或周邊附近的小建築物提供基本的沖涼房、廁所、睡房和休息室，外圍設有鐵絲網。

　　今天，麥景陶碉堡系列建築物已被列為受保護的歷史建築，成為世界上其中一項重要文化遺產。

現存於高級警官會所的突擊刀，昔日麥景陶由第三突擊旅指揮官 N.J. Wills 手上接過。

麥景陶簽發了的警察委任證（照片來源：警察博物館）

12. 薄扶林警署及薄扶林村 名字由來

　　在很多電影電視劇中，常有一些劇情說到在香港普遍貪污的年代，一些不同流合污或不合作的警員，會被調去「守水塘」。由於人跡罕至，難免要日曬雨淋和沒有油水可貪。早年香港，農林漁政管理處和水務署仍未成立，水塘由警察巡邏，防止偷取食水及在非常時期防止食水被落毒。但時至今日，在水塘附近建立警署就只有薄扶林警署（昔日以「博扶林」所示，以「博寮洲」（南丫島古稱）的「博」所寫，而非今天的「薄」）。

　　薄扶林警署於 1861 年建成，署長是一名外籍警長，他和家人居於附近宿舍，宿舍相信是現已成為法定古蹟的薄扶林水塘「看守員宿舍」，現為薄扶林管理中心。

　　香港（島）開埠初期，居民不多，食水一般可靠山澗水坑和打水井而活，後來隨着人口增加，水源受污染及不足，政府於 1859 年懸賞 1000 英鎊徵求解決方法，不久，英國皇家工程部的路寧（Rauling）提出建議，說薄扶林山上有

一山谷，匯集由盧峰（太平山）等山流下的水成溪（當地人稱之為馬尿河），流入東博寮海峽（今之瀑布灣），用水向低流地心吸力原理，水沿斜水道流入人煙稠密的區域，又與市區相距不遠，建議獲得接納。政府於 1860 年在此興建香港第一個水塘，1863 年建成命名為薄扶林水塘，而警署則建於水塘邊，駐守那裏的警察名副其實「守水塘」。

由於有一警署，改善了那裏的治安，很多人遷入薄扶林，形成一個新的「村」。此外，又吸引了遠自英國而來的航運商人拉伯克（Douglas Lapraik）在山上建了一座哥德式，用自己名字命名的德格拉斯堡壘。1873 年，巴黎外方傳教會亦在向海的一面建了伯大尼療養院。1886 年，牛奶公司在這開辦了一個非常大的牧場，供應鮮奶給居港洋人。1895 年，巴黎外方傳教會購入德格拉斯堡壘，改為修院及遠東規模最大的東方語言納匝肋印書館，因印刷需要大量人手，本地找不到，便由廣東省教區在內地招來一批又一批信奉天主教的教徒來港工作，居於附近太古物業利牧苑，慢慢形成一個天主教小社區，內地內戰時更有大量天主教徒逃港住在這一帶。1970 年代，教會把一帶地皮賣給置地公司發展私人屋苑置富和薄扶林花園等，天主教社區分散到香港各區。而薄扶林警署就一直使用直至 1963 年才關閉，及於 1980 年拆卸，只剩下當年的署長宿舍（現稱薄扶林水塘看守員宿舍），成為受保護之物。

早期譯名 —— 撲扶林（來源：Urban Decay: Time Warp: Hong Kong in 1950，攝於四十年代）

德格拉斯堡壘

當年的薄扶林警署

1913 年薄扶林警署（來源：警隊博物館）

現時譯法

薄扶林水塘「看守員宿舍」，現為薄扶林管理中心。

博胡林／薄扶林／薄鳧林名字由來

　　早年研究薄扶林警署時發現一些有關薄扶林地名來源的有趣資料，一般的普遍解釋是該處一帶以前為茂密樹林，有很多薄鳧（棉鳧，一種水鳥）棲息，因而被稱為薄鳧林。最早見於清嘉慶（1796-1821）年間王崇熙纂輯的「新安縣志」，有解釋是指瀑布（水的出口），亦有稱之為「百步林」等。而嘉慶年間「薄鳧林」是否指今天之「薄扶林」，亦值得商榷。

　　在研究過程中，有老村民説他們先祖曾談及不同名字，都是指今天的薄扶林，清朝人王韜於 1880 年所寫的「香港略論」就有提及，稱這一帶為「博胡林」，我相信該名字是來自博寮洲（南丫島舊稱，源於「舶獠島」，停泊外商船隻和處理舶來貨的地方，明朝稱外國人為「蠻獠」），博寮洲客家人很早已和居於對面香港島的人通商和通婚，而今之瀑布灣（舊稱馬尿河）為博寮洲人舢舨停泊的地方，研究亦發現很多博寮洲女性（現在南丫島綠洲及北角村一帶）嫁到對面香港仔（古稱香港村）附近村落，博寮洲人便把今天薄扶林稱為「博胡林」，（「胡」是古時北面的意思，該山林位於博寮洲之北，故稱之為博胡林（即博寮洲北面的山林）。

　　英國人佔領香港島後，1860 年代該一帶為洋人體育運動及欣賞花卉植物的夏日避暑區，中文亦稱為「博胡林

公園」。為方便洋人，所有紀錄均是英文，而中文的譯名則很隨意，任由不同「師爺」決定。而英文自開埠已稱為Pokfulam，而在現存文件中，則最早有「薄／博胡林」，亦吻合英文 Pokfulam，因客家人讀「胡」為「fu」，「薄胡林」、「薄鳧林」、「薄扶林」、「樸胡林」、「駁輔林」和「泊扶林」等，英文均可對應「Pokfulam」。

今天薄扶林名字的由來，仍有很多說法，但源自「薄鳧」鳥居於此的說法就有點牽強，因至今都找不到香港有「薄鳧」這類水鳥及其棲息地。

昔日的薄扶林飛瀑，是早年香港的八景之一。
（來源：Collection of Massachusetts Institute of Technology）

今天的薄扶林飛瀑

13. 過大海與騎龍

　　七八十年代，香港娛樂設施不多，賭博風氣甚盛，賭博是一般人（特別是男性）日常生活的一部份，那時投注英皇御准香港賽馬亦不易，場外投注站不多。喜愛賭博的人便選擇去澳門賭錢，俗稱「過大海」，因為只是一海之隔，每天都有大船和快速船（水翼船）穿梭往來。

　　有一些警察同事因要輪更和生活較枯燥，在放假時，朋友又可能要上班，所以「過大海」成為他們減壓和尋開心的好地方。有很多更染上賭癮，欠下巨債，不能自拔，所以那時警察去澳門是要申報的，直至九十年代初才取消。

　　警務工作上，亦處理很多在澳門賭博引發的「騎龍」案件，即是指在澳門因欠高利貸（大耳窿）錢，被禁錮及押回香港籌錢還債。有些賭客在賭場輸清光後，那些「大耳窿」的手下 —— 俗稱「扒仔／扒妹／艇仔」，便會出現引誘其借錢繼續再賭並開出「放數」條件，最後成為他們的債仔。如果債仔繼續輸及無法清還，便會被追數、毒打及禁錮，直至收到錢才放人。有些更被押回香港，強迫債仔用不同方

法去還錢，包括向朋友借、典當貴重物品或甚至做一些勾當去償還賭債等。

其實澳門的合法賭博亦是間接因為香港開埠才有，香港開埠不久便取代了澳門的貿易地位，澳門葡國政府為了生存和增加稅收，於 1847 年把澳門博彩業合法化，十九世紀五十年代，單是賭「番攤」的賭館已有 200 多家，到了十九世紀後期，博彩業已是澳門的主要稅收來源，已有「東方蒙地卡羅」之稱。

1930 年，霍芝庭擔任主席的「豪興公司」第一次投得澳門的博彩專營權，在酒店及其他地方經營賭場，又在其他配套作出了新嘗試，華麗佈置的賭廳上加設戲台，又為客人提供免費小食，香煙和水果等，更為香港賭客提供船票等。而澳門賽馬早於 1842 年已有，但規範不大，無法與後來的英皇御准香港賽馬會相提並論。

1932 年，一班海外華僑及美國商人引入賽狗博彩，直至近年因政府收地等理由才全面結束。1937 年，澳門政府把賭權公開競投，由傅德用和高可寧的「泰興公司」投得，及引入直至今天仍非常受歡迎的「百家樂」博彩遊戲。

「泰興公司」的賭博牌於 1961 年 12 月 31 日屆滿，澳門政府決定再公開競投，結果由港澳商人葉漢、葉得利、何鴻燊及霍英東等人組成的「澳門旅遊娛樂有限公司」投得，開展了他們長達 40 年的博彩專營事業。

直至回歸後的 2002 年，澳門開放賭權，結束一家專營的局面。澳門亦轉型由「梳打埠」成為集旅遊娛樂消閒於一身的小城，港珠澳大橋的開通更促進其發展。

　　今天「過大海」已可乘車前往。雖然澳門現發展為「世界第一大賭城」，其實在博彩以外，澳門 400 多年來中西文化交融，造就了其獨特而珍貴的「非物質文化遺產」，現時列入的有 15 個項目，包括：粵劇、涼茶配製、木雕－神像雕刻、道教科儀音樂、南音說唱、魚行醉龍節、媽祖信俗、哪吒信俗、土生葡人美食烹飪技藝、土生土語話劇、土地信俗、朱大仙信俗、搭棚工藝、苦難善耶穌聖像出遊和花地瑪聖母聖像出遊。這些澳門特色都是值得旅客走走、看看和試試的！

當年的水翼船

很多人去澳門都喜歡「賭兩手」，有人說「小賭怡情」，俗語說「十賭九騙」、「輸錢皆因贏錢起」。

已故一代賭王何鴻燊曾說過，他不喜歡賭博，更勸人不要過份沉迷。「我一生人對賭博無太大興趣，但賭博無可否認是很吸引，而我一直都勸人，賭博當是玩耍、娛樂，千萬不能過份賭，過份賭未必有得贏，因為我是抽水的，但那些人總是聽不入耳，都說『不，我是要贏燊哥』。」

昔日香港上環港澳碼頭

1962 年澳門工商年鑑，見澳門旅遊娛樂有限公司廣告。

14. 鮮茄和師爺

在七八十年代時，香港教育尚未普及，特別是當時以英文為主流的港英年代，能操一般程度英語的人（俗稱識雞腸）已可找到一份好工。在警署內，由於那時一般員佐級（警員至警署警長）的都不懂英語，少數能操及寫普通英文的人員可擔任報案室工作，以及不用輪替那些好天曬落雨淋的外勤工作，而另一些有潛質的人員（Potential Officer，簡稱 PO）更被提拔攀上警官級（督察）。

除警察外，政府亦僱用了一些文職人員在警署協助日常以英文為主的工作。在每一警區（District），文職最高級人員是一位行政主任（Executive Officer，即 EO），但 EO 只是行政上管理警區內的所有文職人員，而文職人員實際日常工作的上司是不同單位的警務人員，很多文職人員和警察工作是非常密切的。而負責替警察擦鞋及處理制服的俗稱後生（Room Boy）和洗衣房的工人均不屬政府僱員。

而在警區內的文職人員又主要分為兩個職系，一是文

書職系，另一個是負責傳譯的傳譯員（Interpreter），現已改為翻譯主任（Translator）。

文書職系最高級是高級文書主任（Senior Clerical Officer），俗稱「鮮茄」，因取 Senior 的「鮮」和 Clerical 的「茄」，他是文書房（General Registry）的主管，負責全警區的文件工作，最重要還是他經常接觸區內最高級警官，在權力核心工作，自然「獲得尊重」，有些更是很「話得事」，特別是在普遍貪污的年代。

而另一職級是傳譯員，以往是在報案室輪更工作，與報案室人員一起，負責翻譯或傳譯由中文至英文，最普遍工作是報案室值日官（Duty Officer）檢控犯人時，因法庭文件（檢控書等）是英文的，需由傳譯員協助撰寫案情等文件（Brief Facts of Case），特別是一些英文水平不高的值日官（一般是警長或警署警長）階級，他亦需在值日官正式起訴犯人時，替值日官翻譯那些英文文件向犯人讀出。其他工作亦包括翻譯中文口供等文件，以便呈上法庭。

在五六十年代，因主要是洋人上司，翻譯員亦成為下層華人警察與上層洋人溝通的主要橋樑，屬於

師爺杜倫

54

非常「話得事」之人，因為洋人上司向下傳達命令時，一定要經他，而下屬想向上司反映事情，亦一定要經他。有些更「狐假虎威」，很多較低級人員，特別是不懂英文的，都懼怕他們。有些真正做到上傳下達作用的翻譯員，亦贏得同事尊敬，更稱他們為「師爺」，等同顧問，附圖那位師爺杜倫老先生，是五六十年代山東威海衞籍警察與洋上司溝通的主要橋樑，贏得很多山東同事的讚賞。

今天，一般警察都懂英語，中文已普遍使用，而洋人警官數目已從多數變成少數了，管理人員又比以往更注重與前線人員的溝通，這些「中間人」角色已淡出。

時移世易，今天的「鮮茄和師爺」與當年的已不可同日而語了。

文書房

15. 雞仔餅和水泡餅

　　警隊階級源於英國陸軍，由警員至警務處長，共 13 級。理論上，一位警員在他有生之年，根本沒有可能登上處長之位。18 歲當差，57 歲退休，39 年升 12 級，除非有奇蹟，因此，只有入職時是督察才有機會當上處長。而在 13 級當中，亦分為不同階層，粗略講可分為「兵」：初級警務人員（Junior Police Office）、警員（Police Constable，PC）、警長（Sergeant，又稱沙展）和警署警長（Station Sergeant）[4]；和「官」，警官亦分為督察級（Inspectorate），由見習督察（一粒花）至總督察（三粒花）和憲委級（Gazetted Officer，回歸後改稱為 Senior Officer），即警司級或以上，其委任須刊登於香港政府憲報，其任命及革職必須得行政長官（回歸前是港督）批准。

---

[4]　警署警長於二戰後至 1972 年期間統稱為咩喳（Major），而咩喳又有分為總咩（甲級警長 Crown Sergeant）和咩喳（警長 Staff Sergeant）。警長和警署警長又稱 NCO（Non-commissioned Officer），即非委任級人員，那是透過晉升而得的階級。

而總警司或以上又稱為處長級（Directorate Grade），即和香港政府的政務主任（Administrative Officer，AO）職級等相等。由於這已是與處長級掛鈎，所以在穿制服時，肩膊上已不見了警察章，只得階級章。簡單來說，在制服上，警員和警長肩膊上只有職員編號（冧吧）和階級章（高級警員有一劃；沙展有三劃），警署警長至高級警司有階級章及警察（中英文）字樣章，總警司及以上就只有階級章。

由於階級章是這麼複雜，一般人甚至很多警察都搞不清楚不同的階級章，坊間就很有創意地用不同東西來形容及稱呼這些階級章，警署警長的階級章很像中式雞仔餅，因此警署警長便被稱為「雞仔餅」；而在港英時期，警司階級章（一個小皇冠）很像一個小蘋果，所以稱為「蘋果仔」。警司在開埠初期稱為巡捕官，故又被稱為「老巡（音蠢）」；而最有趣還是助理處長的一個很像「水泡餅」的階級章，故稱「水泡」。

以往「雞仔餅」只可掛於制服前臂（長袖衫）或穿短袖衫時於手臂，不會與掛於肩膊上的「水泡」運淆，但現在水泡和雞仔餅都上了膊，很容易把兩種「餅」混淆。但一般在街上見的多是雞仔餅，每一小隊最少都有一位，而助理處長（水泡）則在每一總區，例如香港島總區（Hong Kong Island Region）就只有一位，所以在街上見到「水泡」的機會是很微的。

雞仔餅（警署警長）（左）和水泡餅（高　　　雞仔餅（警署警長）
級助理處長）（右）

雞仔餅

16. 大館蛇宴到會
——暖在心頭

　　2019 年新型冠狀病毒肺炎（COVID-19）的大流行，又再一次把「中國人喜歡吃野味」一事成為熱話。當然，略有旅遊經驗的人都知吃野味在世界各地不同民族都有，特別在肉食未有這麼充裕的時期，野味是主要的蛋白質和營養來源。直至今天，很多皇室貴族仍有狩獵和吃野味獵物的習慣，而一些食物較貧乏的地區，野生動物包括：陸上的猴子、海中的龜和天空的雀鳥仍是很多人的主要日常食物。

　　今天的香港，吃野味幾乎成為絕響，現時仍能在街上找到的僅存只有蛇，但亦受疫情影響，對此僅存「野味」少吃為妙，令很多「蛇店」或以蛇羹作招徠的店舖都相繼關門大吉。近期為大家所認識的是位於銅鑼灣鬧市波斯富街，曾被食評米芝蓮等推介為必吃及打卡點的「蛇王二」亦已結業。仍記得我在灣仔駐守的八九十年代，那時座無虛席，每天賣千多碗蛇羹，亦曾試過只在秋冬時節才開門營業，其他日子為貨倉，不開門營業。

在六七十年代至九十年代初，相信是香港最多蛇店和吃野生動物極興盛的時期，那時各區大街小巷都有蛇店賣蛇湯和蛇羹等美食，連街頭小販都用酒樓熬湯後剩下的瘦肉，加上一些木耳絲拌味精生粉水，就在街上充當蛇羹出售，一樣深受普羅大眾歡迎。

不少酒樓更於秋風起後[5]推出不同的蛇宴，包括有喝的蛇膽酒，吃的蛇羹、炒蛇絲、藥材炖三蛇、炸蛇丸、蛇肉炒飯和蛇汁（湯）浸雞及菜等，看的有蛇王（捉蛇師傅）表演玩蛇技巧，為毒蛇脫毒牙、生取蛇膽和取鮮蛇血，供有興趣的客人享用。

有些較出位的更推出龍虎鳳（蛇、貓及雞）宴和蛤蚧佛跳牆等風味菜色。八九十年代老饕最愛的有荃灣蛇王牛，每年只在深秋和冬季做野味宴，其他時間都在加拿大嘆世界！

八十年代香港有區議會選舉以來，蛇（宴）是「香港選舉四寶」之一，「蛇齋餅糉」是各黨派政治動員的一項特色，一項都不能少！

我最懷念還是八十年代駐守衝鋒隊時（位於今之大館），我們在營房大樓北邊走廊舉行蛇宴到會，由位於堅道的筵席專家供應，在後樓梯點起紅紅火爐在大鑊翻熱蛇羹

5　所謂秋風起，三蛇（飯鏟頭、金腳帶和過樹榕蛇）肥。

等，在北風凜冽的日子，同事和家人相聚享用蛇餐，樂也融融。

　　我覺得最窩心的還是在寒風刺骨的時候，大館裏沒有暖氣，在冷冰冰的辦公室工作時，同事送來上環蛇王林的蛇羹（配上本地新鮮檸檬葉絲與菊花）和中環蛇王芬的蛇汁雞鴨潤腸飯（淋上頭抽豉油），今天想來，仍覺暖在心頭！

1972 年，西洋菜街蛇王大招牌。

當年在大館頂樓走廊擺蛇宴到會

17. 山東威海警察
——衞港百年

　　「威海」位於山東半島最東端，明朝洪武三十一年（1398年），設威海衞（威震海疆之意），針對海盜（日文稱為倭寇，十三至十六世紀活躍於中國沿海、朝鮮和南洋的日本犯罪團夥）打家劫舍，「威海／威海衞」因此得名。甲午戰爭後被日本佔領，1898年英國通過《議租威海衞專約》強行租借威海衞，1930年重歸祖國懷抱。

　　香港英治百多年，警隊以洋警為主，政府採用的政策是利用來自不同地方的人執行管治，不讓任何一方壟斷從而挑戰管治權威，即使來港服役的英軍都是來自英國本土不同地區，英格蘭、蘇格蘭、威爾斯和愛爾蘭等互相牽制。1920年代初，第一次世界大戰結束不久，從英國和聯邦屬土招募洋人來港當警察面臨困難，那時曾當香港警察首長（處長）的港督梅含理（Francis Henry May）與他的智囊團，想起於一戰時期歐洲多國曾於與他們相同經緯度，山東及附近地區招募華人到歐洲戰場（史稱「華工」），擔任

支援工作及在關鍵時刻實際參與戰爭。華工刻苦耐勞、忠心和英勇。剛巧當時及隨後的威海行政長官駱克（Stewart Lockhart）和莊士敦（Reginald Fleming Johnston）都曾與梅含理在港共事，便有在威海招募當地人來港當巡捕[6]的構思。經多方商議後，便推出這創新計劃，1920 年 9 月香港派出兩名洋警察到威海，由威海華務司協助招募，應徵者身高需五尺六寸（167cm）或以上，20-25 歲男性，身體強壯，學歷和語言能力沒有要求。他們訓練後來港是不需要與本地人溝通，只要忠心及勤力便可，挑選時特別喜歡手掌粗糙（曾從事勞力工作和文化水準不高）的威海人。

訓練後以合約形式聘用來港當巡捕，主要是派到不需與本地人接觸的崗位：山頂警署、灣仔峽警署（現為警隊博物館）、香港島衝鋒隊、交通部和新界偏遠地區，邊界及押運船隻到內地與東南亞等工作，合約完表現好的話，可返回威海後再續約來港，很多回鄉娶妻及帶回香港，展開與香港及有些後來移居外國的前世今生。自此，一批又一批的威海人來港當差，很多在港落地生根，他們的後代已成為地地道道的香港人，服務於不同行業了。

第一批 50 多名威海巡捕來港已有百年，威海政府特別為此於 2023 年派出一隊專責攝製隊尋找他們這 100 年來

6　當時香港譯 Policeman 為「巡捕」。

在港的足跡，包括當年在港登岸的藍煙囪貨倉碼頭，他們曾服務過的山頂和灣仔峽警署等。

下次香港警隊到內地招募，不妨到威海走走，延續這段百年情。

1918 年威海憲報

當年在威海招募的消息

1961 年主要由
威海警察組成的
香港島衝鋒隊。

威海警察吳傳忠（前排右一）於 1964
年帶隊到大埔林村圍捕殺人兇手後，
與同僚在警察訓練營合照。

2016 年筆者（右二）出席
在香港舉行的威海警察研
討會。

18. 警察之歌

　　與我們一代一起成長，有粵語時代曲王子之稱的鄭錦昌，當年有一首流行歌「禪院鐘聲」相當膾炙人口，唱到街知巷聞，特別在一些蒼涼、寂寞及無助的日子，聽和唱都可以慰藉心靈，讓人暫時忘卻辛苦和不安，沉醉於歌曲裏。

警察訓練學校

　　在六七十年代為了生活及一份使命感，加入警隊成為警員（PC），在學堂受訓時，那種辛苦和被虐待真的不為外人道，亦用「禪院鐘聲」的曲填上了一首「學堂心聲」，訴説受訓之苦：

　　　　言寒語冷，亂拳亂腳打得悽慘，坑中冷淡彷彿入黎坐監，坑中兼要小心言談，是誰令我前來受訓，皆因被氹，佢話前途似錦，升職易，加薪又快，只要行出街外，果的外快多得很，美金鈔票女人與共白粉都

任你搵，點知一切盡皆空，彷似夢裏追婚迫我成龍，我心中痛又凍，的柴頭（沙展教官）確係無陰功，的拳頭打落個身又痛，難以輕鬆，的田七將飯送，藥物我一盅盅，我食的、派的、用的、送的，沙展話通通無用，因佢拳出似風，佢拳出猛春，打得到我眼矋矋（音鯨），一招猛虎歸山，再來招雙掌探路，我自怨做人太無用，想話揀份好工卻被愚弄，如今呢，個身又痛，完全後悔，只因受迷心不堅，皆因當初太貪錢，看看可否到結業，如果一朝嗚呼命了，後悔無命行上桂河橋！

歌之外，更有一打油詩「黃竹坑受難記」，訴說在黃竹坑警察訓練學校受訓之辛酸：

黃花遍地開，竹影照人來。坑中龍虎會，受盡苦中哀。難得見天日，記君莫再來。

PTU

成功出學堂後，不久又進入下一個粉嶺機動部隊訓練（PTU 藍帽子），又是另一次艱苦訓練，同事又用天蠶變的曲譜上另一首名為「PTU 之歌」：

未入過 PTU，點算受過苦。士大夫[7]在冷笑，暗示前無路，柴頭（警長）在身邊，發出呼號，我都要照做。須知此操場，猛虎滿佈，膽小非差人，決不願停步。冷眼看前路，寂寞是命途，明月影吧叻[8]，倍覺污糟，拋開欲望，飽受煎熬，早知代價高，猛虎出洞，逼虎跳牆，終須破籠牢，一生當差人，永不信命數，斬荊棘沖波濤，更感自傲，抹去了眼淚，背上了憤怒，來日攀高峰，再與他比高！

所謂「吃得苦中苦，方為人上人。」在艱苦日子磨練出來的警察，一代又一代帶領香港成功進步，誇過一個又一個難關。今天香港警察的訓練課程已隨時代進步而變得非常專業，是世界上其中一所最卓越的警察培訓中心。

皇家香港警察少年訓練學校

舊時警隊會吸納 15 至 17 歲半的中三畢業生，這羣未能繼續升讀中四的青少年，為了防止他們誤入歧途，如被黑社會踢入會等，因而於 1973 年 9 月 15 日成立了皇家香港警察少年訓練學校（Royal Hong Kong Police Cadet

---

7　士大夫：英文「Staff」，教官的音譯和意譯。
8　吧叻：英文「Barracks」，指鋅鐵搭建的營房。

School，簡稱 PCS），隸屬香港警隊，該校至 1990 年 3 月結束。創校時為了提高士氣及鼓勵他們，特別請來名作曲家顧家輝先生作曲及張遠文先生填詞，成了一首校歌：

> 向前進要志氣高，少年志願，警察為根基；要立品不怕艱辛，互相勉勵，態度要謙卑；向前進要志氣高，少年志願，警察為根基。智勇誠毅好精神，專心專意循訓導，勤讀書學問高，決本此心莫荒棄，練體操身體好，願能為社會服務。

但那些少年亦非常有創意，用分飛燕曲作了他們的 Cadet 仔歌：

> Cadet 受訓確淒慘，成日喊打喊殺時時慣，最慘屋頂係鐵板，鐵板緊會焗到散！啲教官教人如教犯，啲老師上堂零舍慢，咁樣做人做到心都淡！果啲教官的確係野蠻！

無可否認，受訓是辛苦，目的是磨練他們的意志，他們大部份都能捱過。畢業後加入不同紀律部隊，很多都能晉身高層，離職的也在不同領域有出色發展，很多當今有名的演藝人如：張家輝、林嘉華等都是當年的 Cadet 仔。

水警

　　水警亦不例外，他們也有流行了數十年的歌，但水警歌不是訴說他們受訓之苦，而是告訴大家他們在大海航行所見的水天一色，人與人之間的感情，有一點像「但願人長久，千里共嬋娟」的味道。這點相信和他們有很多外籍長官有關，他們退休後都會離港，分散於世界不同角落，水警每逢聚會總會唱這首「水警之歌」，為方便不懂中文的長官，所以歌詞附上英文拼音，方便大家一齊唱。

清酒綠，夜燈紅

Ching Chau Luk, Yeh Tang Hung

笙歌，仿似玉樓動

San Ko, Fong Chi Yuk Lau Tung

啊飲飲！啊飲飲！啊飲飲！啊飲！

Ah Yum Yum, Ah Yum Yum, Ah Yum Yum, Ah Yum

莫道風流如幻夢

Mok To Fung Lau Yu Wan Mung

花月良宵已朦朧

Fa Yuet Leung Siu Yee Mung Lung

天花舞，若遊龍

Tin Fa Mo, Yeuk Yau Lung

雲消未，要問吓東風

Wan Siu Mei, Yiu Meng Ha Tung Fung

且將愁懷付予一夢送

Che Cheung Shou Wai Fu Yu Yat Mung Sung

啊飲飲！啊飲飲！啊飲飲！啊飲！

Ah Yum Yum, Ah Yum Yum, Ah Yum Yum, Ah Yum

今宵空對月，明日又西東

Kam Siu Hung Tui Yuet, Ming Yat Yau Sai Tung

人如山與水，我哋何處不相逢

Yan Yu Shan Yu Shui, Ngo Tei Ho Chu But Sheung Fung

啊飲飲！啊飲飲！啊飲飲！啊飲！

Ah Yum Yum, Ah Yum Yum, Ah Yum Yum, Ah Yum

真希望人如山與水，何處不相逢，不要為今天自己控制不了的事而煩惱，應如歌詞「且將愁懷付予一夢送，明日又西東！」「啊飲飲！啊飲飲！啊飲飲！啊飲！」更如已故香港歌神羅文的「好歌獻給你」：

歌聲飄送千千里，不計距離

歌聲飄送萬萬里跨遠地

歌聲句句唱出，愉快少年事

好歌一生伴着你

士大夫（Staff），即教官（照片來源：警隊機動部隊 PTU）

少年警察招募海報

在學堂受訓時的情況

演員林嘉華當年都是 Cadet 仔

就讀於警察少年訓練學校的青年

19.《警訊》── 再見！

很多人成為罪案受害人後，特別是一些騙案，身旁的朋友總是說「《警訊》都有講喇，乜你無睇咩？」。由此可見，此節目已深入民心，很多人收看。

這節目自 1973 年起，一直與香港電台攜手製作宣揚滅罪訊息，促進警民合作，以輕鬆生動手法向市民提供最新的罪案趨勢及防罪資訊，讓市民了解警隊的最新動態和增加大眾對法例認識。這個長壽節目終於在 2020 年 8 月 12 日播出了最後一集。

警察公共關係科表示，因應社會發展，警隊與時並進，積極檢討公關策略，務求提升資訊發佈的成效，與香港電台商討後，決定於 2020 年 8 月中旬，結束雙方聯合製作的《警訊》，調撥資源以加強資訊發佈的靈活性、互動性和時效性，而警方近年已開設多個社交媒體帳號，包括：Facebook、Instagram、Twitter 等。除發佈警方資訊外，亦有直播各種不同的執法情況，例如最近的反修例事件。港台亦表示，與警察公共關係科溝通協商後，雙方協議停

止製作《警訊》，並感謝警隊多年來的合作，以及為節目提供協助。

停播原因相信是香港電台有節目出現煽動仇視警察有關，2020年2月和3月，警務處處長兩次去信廣播處處長，投訴港台節目《頭條新聞》顛倒是非和誤導公眾。通訊事務管理局更收到超過6,500宗對港台節目的投訴。最終，通訊局經調查後裁定《頭條新聞》辱警投訴成立，港台其後宣告暫停製作《頭條新聞》。

《警訊》自面世以來，都是不斷更新和改進，而與港台終止合作亦是改進的一部份，製作這類節目已可「自家製」，更可提升同事的創作力和面對不同媒體的適時應對。

《警訊》是香港政府檢討1967年暴動後的產物，當時檢討報告指出，政府要了解民情，促進與市民溝通等，用今天術語來說是要「貼地」。

當時的警務處長施禮榮先生（Mr. Brian Slevin）請來不同專家去提升警民關係，更在英國請來有公關經驗的凌基理先生（Mr. Andrew Rennie）負責整個警民關係科的工作。為了配合政府「提升認受性（legitimacy）」策略，於1973年推出一系列措施，當中包括電視節目《警訊》及《少年警訊》，以配合那時剛成立的《少年警訊（Junior Police Call）》。又出版警察刊物《警聲 Off Beat》去提升警察形象及告訴市民警察的工作。在那個既封閉又是「民為賤、官

為貴」的年代，這些新措施（New Initiatives）贏得了不少掌聲。很多國家和地方亦爭相仿傚，成為市民與警察溝通的一道主要橋樑。

1973 年的《警訊》（照片來源：警隊博物館）

2018 年，少年警訊 45 周年。

當年《少年警訊》的主持人
（照片來源：警隊博物館）

一九七三年《警訊首播後》，媒體報導坊
間的反應。

第二章

前線執勤之所見所聞

1.「拜山」帶叉燒飯

今天大家享受香港低罪案率的社會，是自七十年代以來最低的。但在六七十年代時，香港治安是非常差，例如女士在徙置區（公屋前身）公眾浴室沐浴時，被偷窺或非禮是常見之事，所以那時家裏如有女士洗澡，家中男士便如臨大敵，在公眾浴室門外守候。一些治安差劣的屋邨，例如東九龍的東頭邨，更自發組織「自衛隊」，由年長的男士和婦人組成，24 小時輪更當值，保護邨民。年青一輩可能會問，為甚麼不在自己家中浴室洗澡？因為設有獨立廁所浴室廚房的公屋，要直到七八十年代才開始有的。

那時做警察非常辛苦，很多人說「好仔唔當差」，主要原因是危險，而且更需要和黑社會、盜賊等社會敗類交手，所謂近墨者黑，是很易學壞的。而上層的高級警官多是「堅離地」者，不知前線疾苦，有出錯便大興問罪之師，先停職，後革職查辦。最可笑的是一條紀律處分罪行——「與不良分子（黑社會）來往」。試問如果不與他們來往，何來有線索和犯罪資料呢！到了八九十年代，我有很多曾破大

案的同事都是因為這條「莫須有」的罪名，而被革職或被迫提早退休。

雖然是辛苦，但各人為了飯碗和一顆正義心，本着香港是我家的精神去打擊犯罪者，撲滅罪行，特別是一些俗稱「九反之地」，當時灣仔區夜店、夜總會林立，各個堂口（黑社會）在此為了利益互相廝殺，黑社會械鬥，檢獲的西瓜刀和削尖的水喉通放滿灣仔警署證物房，拆下含淫褻字句的招牌放滿停車場一角，甚至需要動用裝甲車將之壓毀。

那時法律未有今天完善，而很多黑幫是非常富有，長期僱用御用大律師和律師與警方周旋，那時警察一般學識不高，很多時候在文字上「輸」給他們，雖然氣憤，但亦無可奈何。

但那時的黑道人物（爛鬼）最怕是被扣留於警署羈留室（俗稱臭格），對付他們最好的方法是把他們拘捕協助調查，扣留 48 小時後，如有證據，便送上法庭，如沒有便放人。爛鬼最怕的是在臭格「笲（責）年」，即在年廿九將之拘捕，最快要年初一獲釋放，按他們術語是會「衰足兩年」！在扣留期間，由於警署提供的「犯人餐」是根據外籍營養師提供的健康食譜和份量，份量少又淡味，不適合中國人口味，午餐一般是砂糖三文治。很多爛鬼長期吸煙或吸毒，味覺差而需要較咸和濃味食物，所以他們便要求親友送飯來給他們吃（他們稱之為「拜山」），一般是准許的，

但送來的飯一定要沒有骨，因為怕鯁骨或擔心會作為武器之用，所以多數會送上叉燒飯，啖啖肉。

送飯到警署，飯盒是要經報案室人員檢查的，但叉燒飯較易檢查而多獲接受，所以他們便習慣了「去拜山帶叉燒飯」的做法，直至今天仍然流行。

七十年代，警員頻頻到屋邨內打擊罪犯。
（照片來源：警隊博物館）

出動裝甲車壓毀不雅招牌

2.「美麗與智慧」的集會

　　我加入警隊前曾做過航空貨運，每日出入啟德機場，與各航空公司均有接觸，在那時普遍貪污的港英年代，英國航空公司取得種種特權，包括領空使用權，飛機泊位和佔據機場最方便及有利位置等，但本土的國泰航空都不甘示弱，和英航在各方面爭一日之長短，在種種不利條件下，國泰仍在很多方面勝過英航。

　　1993年1月，國泰空中服務員因超時工作及人手不足與管理層談判，空中服務員工會呼籲會員不加班，結果三名牽涉的服務員被解僱，引發罷工，行動於1月13日開始，最多曾有3000名空中服務員參與罷工、遊行及靜坐，由啟德機場轉至港督府（現今的禮賓府）門外上下亞厘畢道，數百至上千名美麗空姐就在此席地而坐，在此化妝、噴香水及搭起小帳幕做他們的「香閨」。一時之間，中外美麗空姐雲集港督府外，引來很多人特意前來看美女奇景，我當時駐守行動部，一時間這麼多女性在一起靜坐抗爭，亦是香港史上的第一次，如何應對確是令人頭痛。幸好，

她們非常和平，我們每天巡視都有說有笑，雖然對這區做成阻塞，而且在港督府外亦有礙觀瞻，但我們知道她們由兩位當時的立法局議員協助，正與資方談判，因此但求她們早日有結果，和平散去。

但談判僵持，一天下午，突然收到上頭指示說當晚要清場，由於集會已久，不想影響港督府形象。而在此留守的全是空姐，如要清場，需要很多女警協助，相信大家都「姐手姐腳」，需時一定長。結果只好兵分多路，一方面集合港九新界的女警，另一方面「放料」給兩位議員及一些外籍同事（他們的女朋友都在其中），說我們晚上「真的」會清場，希望她們能及早和平散去。

結果，策略非常成功，不費一兵一卒，空姐們在傍晚清理現場，和平散去。而在警察總部候命的百多位來自各區的女警，享用了我們準備的揚州炒飯或鮮茄牛肉飯後，便各自返回自己工作崗位，結束一場香豔的集會。空中服務員亦於 1 月 29 日與資方達成協議，和平解決該次勞資糾紛。

隨着女性就業和社會地位提高，她們參與社會運動的情況亦有所增加，警務處自此亦開始重視並檢討如何有效處理這一類行動。

中外美麗空姐皆集中在港督府外抗議。（照片來源：中央圖書館）

數百至上千名美麗空姐都聚在上下亞厘畢道。（照片來源：中央圖書館）

3. AK47 和黑星都比不過「電騙」

　　在八九十年代，香港經常都有金舖銀號被劫，那時悍匪從越南戰爭帶來戰後的重型槍械，最出名有黑星手槍和 AK47 長槍。最初不知黑星手槍的厲害，那時我們的外籍槍械專家評估那些槍械和西方裝備比較只屬普通，警隊當時使用歐洲標準的鋼板避彈衣應該「可頂得住」。那時我駐守港島衝鋒隊，每架衝鋒車只得一件避彈衣，由於太笨重，通常只能在搏火時才會穿上（其實是幾件鋼板掛上身），穿了連走動都有困難。但在一次與悍匪搏火期間，避彈衣被黑星手槍尖頭的子彈射穿，把那些躲在冷氣房內只懂西方槍械的專家「嚇壞」，但應對之策是在避彈衣上再加一些瓷板，結果避彈衣重量大增。在那年代，即使性命攸關，購買任何裝備都經非常繁瑣招標等，遠水救不到近火，很多每天面對悍匪的同事只好自掏腰包到香港槍會[1]購

1　位於中環砵甸乍街 22 號地下。

買輕巧而真正防子彈的避彈衣。一年多後，外籍槍械專家才購到一些可阻擋黑星手槍子彈的避彈衣，但那時黑星手槍已幾乎絕跡了，後來更爆出外籍槍械專家在訂購避彈衣時「瀆職」醜聞，最後革職查辦。此事亦造就一位調查此案有功的華籍警官晉身首長級（Directorate Grade）的總警司。

另一登場的犀利長槍是 AK-47，最有名是大賊葉繼歡手持 AK-47 長槍打劫，那時警隊只有美國製 AR-15（Armalite Rifle Model）來福槍，子彈匣可入 20 發子彈，但為了保護匣內彈弓，即使在危急時期都只准入 10 發！

有人會很奇怪地問，為何那時在香港打劫要使用到這麼犀利的武器？情報顯示，那些悍匪一般是來自內地偏遠村落，不知香港情況，只在「盜版光碟 VCD」看到香港繁華，遍地黃金。他們看港產警匪片時更看到香港警察每位都身懷絕技，有用不完的子彈和長短火力猛的槍械，所以便帶了 AK-47 來。

AK47，A 是 Automatic 自動，K 是 Kalashnikov 設計師卡拉民科夫，47 是 1947 年命名，他是前蘇聯槍械設計師，因輕巧和價錢平，廣泛用於戰場，是世界上普遍使用的步槍。為了紀念他和他的 AK-47，莫斯科市中心有一高八米的紀念碑，他的塑像手持引以自豪的 AK-47 步槍。但後來 AK-47 被廣泛使用為殺人武器，槍下亡魂無數。為

此，他在去世前寫了一封懺悔書，對這麼多人死在 AK-47 而感到痛苦。

儘管黑星和 AK-47 那麼利害，但先進的防盜設施和閉路電視已廣泛使用，這些槍械已無用武之地，加上現代用電子通訊行騙比用武力打劫來得容易和安全，打劫金舖珠寶行等勾當早已被時代巨輪淘汰。

如賊王仍在世，他一定嘆息打一個電話去「呃」比他拿 AK-47 去打劫來得更多更易和更安全！

賊王葉繼歡（照片來源：星島日報）

AK-47 設計師卡拉民科夫（Kalashnikov）

4. PTU —— 因暴動而誕生

　　與一班學生出席粉嶺機動步隊（Police Tactical Unit，簡稱 PTU）畢業禮，他們見各隊員精神抖擻，整齊有序操過檢閱台，車隊的排列和機動性更使他們讚歎，最後直昇機的飛臨現場更推高全場氣氛。

　　典禮後，有學生更希望畢業後加入警隊，接受 PTU 訓練。他們對 PTU 的體能訓練和歷史特別感興趣，更詢問我們當年在這裏受訓的情況和趣聞。

　　現在 PTU 的所在地是 1958 年 3 月成立時的原址，PTU 最早稱為 PTC（Police Training Contingent，警察訓練營），成立目的是因應 1956 年發生的「雙十暴動」，當時造成了 51 人死亡、很多人受傷及 2000 多人被起訴擾亂公安等罪名。當時中華人民共和國總理周恩來更向港英政府發出警告，「中方不能漠視或容許此種破壞社會行為」，政府因而展開全面調查，警隊亦同時由一些擁有軍事經驗的警官組成一個專責委員會，全面檢討當時香港的內部保安事宜。現在所見是在八十年代中後期重建，成為今天先進

和現代的 PTU 基地，是訓練藍帽子和飛虎隊人員的基地，也是警隊裝甲車隊的總部。

我在七八十年代曾在 PTU 受訓三次，兩次是員佐級（警員和警長），一次是督察級。那時除了短暫搬到新界車廠作臨時訓練營外，主要都在該舊兵營，舊兵營除了用鋅鐵搭建的營房外，亦有一些標緻性的建築物，包括一小型游泳池、一間小戲院 [2] 和一所漆上紅色的警官餐廳，很多警官特別是外籍的，很喜歡在這裏漫無目地大聲向操場喝罵，尤其是有幾杯落肚後，很多時不知原因，所以該餐廳突出的部份稱為烽火台。那時有一首改編的 PTU 歌，歌詞道出受訓時的苦況：

> 未入過 PTU，點算受過苦，士大夫 [3] 在冷笑，暗示前無路，柴頭 [4] 在身邊，發出呼號，我都要照做，須知此操場，猛虎滿佈，膽小非差人，決不願停步，冷眼看前路，寂寞是命途，明月影吧叻 [5]，倍覺污糟，拋開慾望，飽遭煎熬，早知代價高，猛虎出洞，迫虎跳

---

2 小電影放映是供隊員在候命時解悶，那時沒有女隊員，所以沒有任何避忌。

3 英文「Staff」的意思，這裏指教官。

4 沙展教官

5 英文「Barracks」的意思，這裏指鋅鐵搭建的營房。

牆，終須破籠牢，一生當差人，永不信命數，斬荊棘沖波濤，更感自傲，抹去了眼淚，背上了憤怒，來日攀高峰，再與他比高！

每次發生社會運動和社會動盪，PTU 總是打頭陣，做了擋箭牌，不理甚麼黨或顏色，都要執法。我在任時常常跟同事說「警察工作從來是磨心，無辦法，你選擇了這份職業，就要承受。你放工後可以自己諗下，我是不是很慘，應不應該這樣做，但一穿上制服，就沒有選擇」！

筆者在員佐級時的 PTU 訓練畢業禮。

漆上紅色的警官餐廳，此處為「烽火台」。

1956 年發生的「雙十暴動」（照片來源：警隊博物館）

5. 全女班的 Tango 大隊

　　1984 年 12 月 19 日，中英雙方完成《中英聯合聲明》簽署儀式，聲明表示：「收回香港（香港島、九龍和新界）是全中國人民的共同願望，中華人民共和國政府決定於 1997 年 7 月 1 日對香港恢復行使主權。聯合王國政府於 1997 年 7 月 1 日將香港交還給中華人民共和國。」之後，香港社會運動開始增加，港英政府管治時日無多之際，開始開放言論自由和容許遊行示威集會等，讓很多人為不同目的走上街頭，不像過往的社會運動，以男性為主，女性都不願意「拋頭露面」走上街。隨着女性社會地位提高，越來越多女性參與社會運動，參加不同形式的遊行、示威、靜坐和集會等。

　　由於過往很少女性參與社會運動，專門負責人羣控制的機動部隊（藍帽子，即 PTU）亦只有男性隊員，女警只需接受一至兩星期的基本人羣控制訓練，在有需要時，才支援全男班的 PTU。

　　隨着更多女性參與社會運動，首支全女班連隊

（Company）於 1992 年 6 月組成，名為 Tango 大隊（Tango Company），和藍帽子架構一樣，分為四支小隊（Platoon），由一女警司及一女總督察指揮。她們與一般藍帽子大隊不同之處是她們只是臨時抽調自願性參與，訓練後會返回自己原本的工作崗位，有需要時才召喚重組（Reform），擔任額外的特別任務，Tango 大隊曾參與很多大型行動，包括遊行示威集會的維持秩序工作，搜查當時的越南船民營及後押送「強制性」遣返船民計劃乘飛機返回越南等工作。

而擔任全職 PTU 及直接加入的女性警務人員要到 1996 年 8 月才有，當時有兩位女督察加入，成功完成訓練及進駐警區。她們的成功經驗伸延至其他女警員，1997 年 1 月，第一批 16 名女警員加入全職 PTU，而於 1997 年 11 月，有第一位女性指揮官（Company Commander）警司加入。自此，PTU 不再是全男班的天下。

而 PTU 營房等設施亦作相應的改動，加入男性禁地的女性營房，很多男廁需要改為女廁，因此初期有些女廁仍有尿兜。最重要還是在訓練時作出相應的調整，值得一提是在穿越高牆障礙訓練時，男隊員和教官獲指示，協助女隊員越過障礙時需承托女隊員的腳底部份，而非臀部或上身其他部位，而女隊員的頭盔更貼上一條橙色反光貼，以識別其為女隊員等。

PTU 不再是全男班的天下

Tango 大隊專用小巴警車

人羣控制訓練（照片來源：警隊博物館）

執行特別任務的女警們

6. 警車上網，百年不變

　　所謂「上網」，是指警車真的有鐵網可上，早年已在政府車廠加山車房[6]內進行。為應付天災和暴亂等突發情況，所有政府用於最前線的車輛都有一套護甲，也有鐵罩用在所有燈（包括紅藍燈）上，而所有玻璃外都裝有鐵扣，隨時可扣上鐵網在玻璃窗外，這些護甲，都是有效地保護車輛玻璃避免硬物打破，保障車內乘客及駕駛人員安全。

　　但這套護甲，平日是很少裝上或只是部份裝上，因裝上會增加車輛重量，增加耗油量，亦令駕駛員和乘客不便，更重要是不想車輛時常好像在「作戰狀態」，引起不必要的恐慌。

　　最常「上網」的日子是風季，當天文台準備掛三號或以上風球時，所有在外的警車需回警署「上網」，全車裝扣上鐵網。在巡邏時，能抵擋石粒、折斷的樹枝和被風吹起的

6　位於跑馬地加路連山道的前機電工程署總部車廠。

雜物，但很多時車身都被打到變「花面貓」，風暴過後需要回加山車房「執一執」。

另一情況是在押解犯人時，為防止犯人打破車玻璃逃走，一般供押解人員及犯人坐的部份會「上網」。當然，在暴動時期，所有前線警車都裝上護甲，全車「上網」，香港曾經歷多場暴動，這方面已非常有經驗。2019年因反修訂逃犯條例而觸發的暴亂，使警車和一些緊急車輛等都需要「上網」，相信這一次是香港百多年來最長一次的「上網」期。

「上網」除增加車輛重量和減低靈活性外，其實擋風玻璃前的一塊網對司機駕駛時有一定影響，因在前加了一鐵網，而鐵網是用鐵枝橫直交錯重疊而成，對視線有一定影響，特別是在光線差或晚上眼睛比較疲勞之時。目前車輛發展一日千里，但這方面仍百年未變，相信如能發明一套

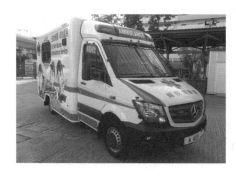

救護車有時也需要上網

透明護甲，代替那套古董鐵網，一定能夠提升工作效率和
交通安全。

前窗擋風玻璃前的一塊網

網內網外

7. 不知者不是不罪！
誤觸地雷墮法網

中國諺語「不知者不罪」，指不是故意或不知情下所做的錯事，就不加以怪罪。但在法律上這是不正確的，因為法律上沒有不知者不罪這回事，法律有一個假定，便是人人皆明瞭法律，對法律的誤解不是辯護的理由。

朋友父親喜歡到街巷士多打麻雀，我時常告誡他這是犯法的，他說他不知這是犯法，辯稱只是和街坊打衛生麻雀，士多老闆只是抽少少水補貼冷氣費及租金，結果被控非法聚賭，處以罰款並留案底。他後悔不已，及自此再也不敢到士多打麻雀。香港有很多日常生活接觸到的法例都是訂得非常之嚴謹，執法與否視乎政府的政策，及執法人員按各種因素而制定優先次序，很多時一不小心都會「誤觸地雷」，犯了法都不知。

朋友光顧正在試業的食店，他不會問該店負責人有沒有暫准或正式食肆牌等，雖然光顧未領有牌照的食肆不是犯法，但如在這裏飲酒，根據《應課稅品（酒類）規例》，就

是犯法。控罪是在並無領取酒牌照的地方飲酒，在這裏打牌或進行賭博，就更加是犯法了。

　　打麻雀前先要肯定活動是否在合法場所內進行，以免被控非法賭博。普遍的誤解是打麻雀不涉及金錢就不犯法，並因此認為參與的人可以避免面對賭博的控罪，其實打麻雀是否合法是取決於玩的地方，雖然有些場所因不同用途領有不同牌照或證書，但在這些地方打麻雀卻不一定是合法的。一般被稱為「聯誼會」的麻雀耍樂場所最少分三類：第一類聯誼會領有由民政事務總署簽發的合格證明書會所牌。第二類雖自稱為會所，卻沒有會所牌而只有商業登記證。還有一類自稱為「會所」的，既沒有會所牌，也沒有商業登記證。很多這類場所都以康樂會名義經營，其實只是一個提供打麻雀的地方，如果提供麻雀枱、麻雀牌及籌碼等是要收取租金或抽佣，那麼，參與的人士、經營者及會所職員便有可能觸犯賭博罪行。簡單而言，在一些地方打麻雀是犯法的，包括未領有民政事務總署的會所牌而只持商業登記證的麻雀會所或團體，及一些未持有任何牌照而要收取租金或佣金的私人麻雀耍樂場所，例如士多或私人單位等。

　　另一個錯誤觀念是：在領有牌照的麻雀館（俗稱「竹館」）打麻雀是完全合法的。這個說法其實不完全準確，如果在竹館牌規定的經營時間以外繼續打麻雀便是犯法，參與者、經營者和職員都有機會被控非法賭博等罪。

為了避免誤墮法網，光顧不同場所時，應對其牌照有所認識。另一方面，如發牌當局規定持牌人要將牌照置於當眼及必經之入口處，及做多一些這方面教育，亦會減少這些無心之失。

在街巷士多很多時都會看到有人打麻雀。

各類提供耍樂服務的聯誼會

在未持合適牌照的聯誼會打麻雀有機會受到檢控。

無牌賣酒的場所，隨時誤墮法網。

8. 龍尾泳灘防「沙灘老鼠」

　　香港已很久沒有新泳灘啟用了，2021年6月23日，很多人，特別是沙田和大埔居民期待已久，位於大埔汀角路八仙嶺下龍尾泳灘終於開放給大家使用。該泳灘十多年前已納入政府優先展開市政工程項目之一，獲得當地居民大力支持，但由於自然生態保育和水質等問題，一拖再拖，最後更遭到司法覆核反對其興建。直至2016年2月，司法機構裁定上訴人及組織敗訴才於同年12月動工興建。最後的阻力是位於海灘入口的「同信士多燒烤場」拒絕遷出，最後一如預料，在警方及保安人員協助下，成功收回及展開建造人工泳灘工程。而「同信士多燒烤場」則在對面繼續經營。

　　啟用後，泳灘及附近水域發現有水母和海膽，不但沒有嚇怕泳客和遊人，反令該泳灘更具吸引力，大家可與海洋生物一齊嬉水。海洋生物比興建泳灘前有增無減，主要原因是泳灘附帶工程是鋪設排污管道把汀角路一帶生活廢

水引人中央系統處理，取代過往的「化糞池」方法，污水很易從地下滲入或隨雨水流入海中。

除了大家見到的救生員和保安等服務外，當地警區亦加強巡邏防止「沙灘老鼠」，即在海灘偷竊和非禮等勾當。除了在海灘舉辦滅罪宣傳活動外，亦需調派軍裝正規和輔警人員在沙灘一帶巡邏，在主要大路設置路障截查可疑人物及執行拘捕藏有賊贓的人，如情況需要，更會派便裝人員喬裝泳客在沙灘巡邏或作適當埋伏。這份工作看似優差，其實是苦差，因在海灘烈日下工作及在熱沙上巡邏大半天，絕不易捱。

除在沙灘上，如有非禮等罪案在水中發生，人員更要喬裝泳客在水中工作，看似「涼快」工作，但隨時「游到甩皮」，很多人員更因出「海灘更」曬成「黑炭頭」，女同事在

龍尾泳灘發現有水母和海膽。

當值後更需花很多時間在皮膚護理上,所以職安健都建議
為人員準備防曬用品。

泳灘上舉辦滅罪宣傳活動。

軍裝正規和輔警人員在有需要時亦會在沙灘一帶巡邏。

9. 語言柔道與衝突管理

　　今天打上述文字入互聯網，一定顯示很多不同解釋和課程等，更有很多這類書籍和一些適用於不同行業的技巧和方法等，看來非常複雜的理論，說穿了就是一些很簡單的日常技巧，是通過簡單易記的策略來改善溝通，解決衝突並避免常見的對話災難。只要花一些時間研究及加以利用，適時進行更新改善便可有效運用。

　　警隊交通部以往是被投訴的重災區，主要是在票控交通罪行（抄牌）和處理交通意外時，很多人會以為警察（特別是交通警察）抄牌是為政府收稅（打他們的荷包），另有一些是警察目睹違例行為，如汽車衝紅燈和超速等，違例者自己不承認或不察覺而引致不必要投訴。有見及此，香港島交通部於回歸後不久已開展「衝突管理」研究和訓練，另加入「臨床心理學家」在小組中協助心理分析。最早研究為何一些同事做事很認真和勤力，但時常遭投訴「態度欠佳」等問題，很明顯有一些同事是特別「惹」投訴的。分析後發覺其實是可改善的，例如：說話方式、身體語言、外

觀（制服顏色）和專業表現[7]等。交通警察帶着太陽眼鏡（目的是保護眼睛）說話或說話時欠缺笑容亦可能招致投訴為不禮貌，針對以上研究分析便作出改善，包括在說話態度和語氣方面（不要太「硬倔」）、裝備提升及盡可能在說話時除下太陽眼鏡、帶點笑容等，這樣做真的可減少很多無謂投訴，這些小知識現已成為大學學科作專門研究。

接着是衝突管理，交通總部亦於千禧年前後推出「語言柔道」去減少投訴，效果非常顯著，不但使被「抄牌」的人覺得「抄得氣順」，亦減少很多無謂的爭拗，予人感覺執法公平及一致。方法是收集所有有機會在「抄牌」時違例者提出的理據、反駁、問題，甚至不作聲等，不論合理與否，分別由不同小組討論出可接受和合理的答案，如牽涉法律問題便徵詢法律意見，在外工作時，再嘗試用準備好及一致的答案對答，看看違例者的反應，再檢討。如發覺滿意，便推行。每位人員心中已有大部份（如非全部）「可能被問及的問題」及答案，這樣在外執法信心大大增強，例如「抄牌」是為了道路安全（包括違例者自己的安全）而非為政府庫房增加收入等，交通警察的威武外型和「型格」的鐵騎更顯示專業一面，但始終面上多掛一點笑容加上同理心是最有效化解衝突的秘密武器。

7　不一定指個人，也可能是裝備的外型和是否跟得上時代。

交通警正在票控（抄
牌）交通罪行。

執法時以同理心對待。

10. 那些年的**神功戲**附設大檔

　　「睇大戲」（看粵劇）是我興趣之一，自小在離島長大，每年農曆四月二十四日天后誕都有神功戲。睇大戲是兒時每年一次的大事，平日寧靜的小島變得熱鬧，有很多街邊小攤檔，有冰凍涼粉（父親千叮萬囑不可以吃，因不衛生！）、熱騰騰香氣四溢的魚蛋和很多各式各樣的小玩具售賣，當然少不了一些祈求好運的風車和風鈴等風水吉祥物。

　　那時神功戲一般是四日五夜，即四場日戲（除正誕日，主要由二線戲子演出）和五場夜戲（由主要大牌戲子擔當演出）。演神功戲需要蓋搭臨時竹戲棚及僱用一戲班，所費不菲，資金來源主要是向居民商戶籌款，那時沒有政府資助及未流行甚麼廣告贊助商，但由鄉紳居民組成的籌備委員會總有辦法籌足那年的資金。

　　資金來源之一是花炮會，那時花炮籤是火藥加一些物料紮成，像爆竹，內藏有編號的竹籤。火藥點火後，便向上射出，把竹籤帶上半空後掉下供善信爭奪，不同社團（包括滲入一些有背景人士）會組織花炮會，向天后娘娘獻上花

炮，捐錢及拜祭，祈求好運及順風順水。待「正誕日」一到，一般是星期日，便由籌委會邀請鄉紳名人主持「搶花炮」儀式，由於很多人參與，需在沙灘進行。花炮是有編號的，一號、細號碼或特別編號會較受歡迎，搶得好編號如一號就最「好意頭」，代表來年好運氣。亦有拿到某一編號那年過得順意，來年便希望拿回該號花炮。正因為此，花炮需要「搶」，俗稱「搶炮」，很多時，為了頭號或心頭好花炮，都發生集體打鬥，亦試過打死人。於六十年代尾，香港警察（水警）禁止一切搶花炮活動，改為抽籤或「擲勝（筊）杯」[8] 來決定領花炮的人或團體。現今的花炮已改由竹枝及彩紙紮成多層神樓，掛上很多祭品、飾物和神話紙紮人物等。

另一鮮為人知或當時知道亦不宣之於口的主要財政來源，是每年天后誕的臨時「大檔」，主要是「牌九」。在昔日普遍貪污的年代（財可通神），只要買通各部門話事人，牌九檔、麻雀檔便可「奉旨」在那誕期開辦，因很多人都於該段時間放下工作，即使已出海捕魚的大拖艇也會回來賀誕。在皇家御准香港賽馬合法賭博尚未普及時，那一年一次的「聚會」是非常難得，賭注上落非常大，有一定比率的利潤「奉獻」給籌委會和「派片（賄賂）」給政府人員及其洋

8　用兩片木，擲下以其仰或俯來傳遞神的意思。

上司。今天聽起來真的匪夷所思，但那時港英政府的陋習及其愚民管治，社會制度及福利缺乏，中文被政府稱為「土話」的年代，行賄和貪污是市民生活的一部份，更是解決問題最好最快捷的方法。

天后誕

花炮

牌九

擲勝（筊）杯

11. 使命感 —— 加入警隊

「好仔唔當差」這句話在不同時期因社會各種因素而有不同看法，可能是說反話的，在以賢取仕的年代，有學識和能力才有機會當差。

我於七十年代讀中學時聽得最多這句話，有位英文老師（當時是香港大學二年級生）時常對我們說，記得不要當差，說港英政府和警隊腐敗，疏於工作及貪污非常嚴重，每天每人的抽屜都會有錢，一定要參與其中，好像搭巴士一樣，一定要上車，不可能獨善其身，不上車者會遭輾斃等等。

那時大家都十來歲，聽了覺得迷惘，為何會是這樣的，老師只說一面倒的壞處，沒有說如何解決等。我們幾個小伙子在小息時都會討論，覺得老師只講了事實的一部份。有同學非常相信老師，對香港失去信心，很想離開及移民外國。有同學說既然如此，不要加入政府，免被同化。我和多位同學則覺得香港是我們的家，既然老師講到警隊是如此腐敗，政府又不濟，我們相信香港將來是我們的家，

更立志畢業後「身入虎穴」，去改變政府才是辦法。

中學畢業後，我和同學都投考警察，當時廉政專員公署（ICAC）成立不久，那時我們幼稚地誤以為很易投考，在沒有準備下被淘汰，才知中學老師所講的不正確，他所說的只是「以訛傳訛」，片面和負面的資訊，不是事實的全部。

幾經辛苦和充足準備，我們分別考入不同紀律部隊從低做起。我加入了警隊，正值反貪污開始，順理成章我們一代不與貪污為伍。而貪污其實是和資源不足、市民對走後門的接受及願意行賄來換取方便、同事的個人操守等有關。所謂「市民唔行賄，又點有得貪呢！」

新一代的我們，起初絕無能力作出任何改變，唯一可做是潔身自愛，不同流合污去影響身邊少數人，但慢慢因資歷深和權力增加而能夠推行變革，從一些日常「小事」着手，例如提倡健康生活，禁止在飯堂電視播賽馬和注意健康飲食等。

治安不斷改善使香港成為世界上最安全城市之一，可見我們當年的努力沒有白費。另一個事實是，一個現代城市一定需要警察執法和維持治安，警察是從民間招募而來的，因此「有這樣的市民就有這樣的警察」！

如果想使這支百年老牌，成功處理過無數世界級危機，被譽為「世上最優秀的警隊之一」變成你的一部分，最

好方法還是身處其中，使其與時並進，靈活運用法律賦予
的權力，以同理心靈巧地執行警務處很少甚至沒有參與制
訂的法律。

終生承諾 —— 決心使香港成為最安全的城市（照片來源：警隊博物館）

12. 花紅更

　　在澳門當差，除可做旅遊警外，下班後亦可當「花紅更」。

　　根據澳門法例，治安警察局可因應個別部門、公司、機構、團體或個人之申請，對有關維持治安、公共秩序、人羣管理及交通安全等工作，安排正在休班或休假的警務人員，由警員至警司級，提供「有報酬之勞務工作」，自願地賺取額外報酬，俗稱「花紅更」，一般為每天四小時或以下。

　　香港警察在七十年代及八十年代初期，亦有類似澳門的「花紅更」，稱為「額外職務津貼更」（Additional Duties Allowance，簡稱 ADA），受僱於政府。

　　港英政府在 1967 年暴動後，重新檢討管治方式，以增強認受性及市民對政府的好感。另一方面，亦加強在日後與中國談判香港前途的籌碼，檢討結果是良好治安是「討好」市民其中一個最重要的因素，因為那時香港治安是非常差。

1970 年代初期，為了打擊罪案，推行一連串名為「撲滅罪行運動」，最好方法是增加警察人手和加強破案能力，但增加人手需時，最好及快捷方法還是增加工時，所以便鼓勵同事在落更（放工）後或返工前多做幾小時。便裝警察則視其需要，例如查案，接見證人等。軍裝警察在返早更（早上七時至下午三時）後，繼續工作四小時，下午四時至八時；返中更（下午三時至十一時）則在早上加班四小時，一般是上午十時至下午兩時。ADA 更主要是以前線員佐級（警員至警署警長）為主。亦因公務員事務局對領取津貼有限制，最初上限為每人每月 60 小時，後因越南船民等問題需要更多人手，曾將上限加至每人每月 120 小時或更多。

　　ADA 更在便裝人員方面推行得很好，他們只是工作多數小時及提高破案率即可。但軍裝部推行初期是有些問題，因有些警署要求同事穿着軍裝出 ADA 更，那時的制服是不舒適的，穿十多小時是極其辛苦，最麻煩還是穿起制服，「限制」多了，同事多不願意。有見及此，便改為穿便裝出 ADA 更，使之彈性較大，令很多人都樂意出 ADA 更。有趣的是當時警槍不夠用，很多時都需重用一款較易走火（現已退役）的拗輪手槍，為防走火，只入五粒子彈，正中向撞鎚位那粒留空。

　　ADA 更的推行可算是成功，因實際街上是多了便裝警察，雖然有部份同事出更後就到酒樓、麻雀館、波樓（桌

球室）、遊戲中心等消磨他們的 ADA 時間，但不減其撲滅罪行的效果，例如：將一向是黑社會聚腳的波樓變成一正當康樂消閒地方等。

隨着香港治安改善，政府亦不願花錢在這方面，ADA 更便慢慢收緊及減少，變成一種有需要時才發放的津貼，而軍裝部則全面取消，用補假等方法去取代 ADA。

ADA 後來改為 DSOA（Discipline Services Overtime Allowance），中文全名為：紀律部隊逾時工作津貼。

拗輪手槍，為防走火，只入五粒子彈，正中向撞鎚位那粒留空。

曾經令一些以青年幹探視為終生職業之短桿，馬擔箭，腰纏四兩鐵 CID 用槍！

便裝人員

穿起制服，限制就多了

13. 香港交通安全隊

　　香港人多車多，人車爭路是生活一部份，但香港交通意外率在全世界仍然屬於低，除了因為道路改善、執法水平高、先進醫療系統和香港人一般都守法外，多方面的道路安全教育亦應記一功。

　　在教育方面，1961 年，靳寧漢神父（Rev. Cunningham Patrick SJ）創立了香港交通安全會，是香港唯一促進行人交通安全的志願團體。1963 年，陳錦釗成立了香港交通安全隊（Hong Kong Road Safety Patrol，簡稱交安隊）。交安隊擔任了一個重要角色，目的是透過教育向青少年隊員灌輸交通安全知識，使他們清楚了解到使用道路時的正確態度，從而推廣至朋輩及家人。交安隊是制服志願隊伍，由警務處各總區交通道路安全組協助，並提供專門訓練給隊員。另一方面，通過紀律訓練和活動可培養青少年的領導才能，加強責任感及自律性。

　　由於在促進道路安全方面受到普羅大眾接受及有成效，因而獲政府撥款資助，後來更獲撥地興建永久會址，

使服務發展一日千里。很多國家、地區及內地城市紛紛仿傚及發展相類似的組織，在促進道路安全方面擔任了一個極其重要的位置，工作範圍包括宣傳和教育。成立初期只有兩間學校 40 位學生參與，發展至今，隊員已有一萬多人，來自全港接近 400 間中小學及幼稚園。近年，更積極發展長者交安隊，現時已有 30 多隊了。

為提供一個真實環境給學員學習正確的使用道路方法，於 1970 年聯同警務處及當時的市政局籌劃，興建全港第一座位於秀茂坪的交通安全城（Road Safety Town）。發展至今，已有四座，分別位於北角、沙田及屯門，使全港每一位學生都有機會在此接受最少一次交通安全教育，由警務處交通安全組人員負責教授。

1969 年 1 月 26 日，港督戴麟趾爵士在政府大球場檢閱交通安全隊。　　香港交通安全隊隊章

交安隊隊員定時執勤，積極參與各項不同類型推廣交通安全活動及公益活動，喚起市民重視交通安全，終達至「路上零意外，香港人人愛！」的願景。

早期的學生交通安全隊隊員

香港交通安全隊永遠名譽總監 ——
陳錦釗太平紳士

警務處交通安全組人員負責教授

14. 警誡詞：唔係是必要你講

在電影戲劇中，警察在拘捕疑犯時一般會先說：「唔係是必要你講嘅，除非你自己想講喇，但係你所講嘅嘢，可能用筆寫低及用嚟做證供嘅。」（You are not obliged to say anything unless you wish to do so but what you say may be put into writing and given in evidence.）普通話版本為：「你不一定要說話，除非你有話要說。但是，你說的話可能會寫下來及用作證據。」有讀者問這是甚麼意思及從那時開始？

這句拘捕前宣言是源於「法官規律」，最早見於五十年代香港警務處「警務手冊」中第 130 段如何執行拘捕：向疑犯說明拘捕理由後，應再向其說：「唔係事必要你講嘅，但係你講乜嘢嘅說話，或者用來作口供。」此係簡短警誡詞，如未曾向犯人警誡，其拘捕雖不至成為非法或無效，但犯人所作口供則可能因此不准呈堂作證。犯人所講任何說話，應該立即或事後儘速記下。事實上，或者要到達報

案室以後始能紀錄，但無論如何，必須在事實歷歷在目，記憶猶新之時加以紀錄。

普通法的精神，並非不鼓勵疑犯在調查期間說出真相，但必須是自願透露真相。根據既定法律，疑犯的供認陳述如非被迫或誘使而作出，才可獲接納為證據。在調查階段，普通法重視的並非疑犯的一般「緘默權」，而是疑犯可免於作不自願供述的特定保護，警誡詞目的是提醒疑犯。

現時使用的警誡詞，是 1992 年由時任保安司根據警務處的檢討後頒布的《查問疑犯及錄取口供的規則及指示》訂明多項事宜，包括查問疑犯時的警誡詞，該警誡詞用以提醒疑犯被查問時，如他不願意可不回答問題以免使自己入罪。

這警誡詞不是香港獨有，其他國家或地方都有。美國採用的稱為「米蘭達[9]警告語」（Miranda warning），美國聯邦調查局（Federal Bureau of Investigation）就保持緘默的權利採用的警告語（譯文）：「你有權保持緘默，任何你說的話可能在法庭上用作針對你的證據。」

澳洲聯邦警察（Australian Federal Police）採用的警誡詞（譯文）：「我必須警誡你，你不一定要說任何話或做任

9　米蘭達（Ernesto Arturo Miranda），美國人，因搶劫、綁架和強姦被警察拘捕。

何事，但你所說的話或所做的事可能會用作證據。你完全明白這警誡詞嗎？」

加拿大皇家騎警（Royal Canadian Mounted Police）採用的警誡詞（譯文）：「你不一定要說話。你無須害怕任何威嚇，也不會因為任何給予優待的承諾而得到好處，任何你說的話可能在法庭上用作針對你的證據，你明白嗎？你現在有沒有話想說？」

疑犯被拘捕後，警員正向他說出警誡詞。

1992 年，時任保安司頒布《查問疑犯及錄取口供的規則及指示》。

15. 馬欖

　　「馬欖」在七八十年代是「公寓」的俗稱，那時的油尖旺、觀塘、元朗、灣仔、北角有很多。馬欖主要分為兩大類：一是有「房心」（駐場妓女）或應召妓女服務，主要光顧對象是單身男子；另一種是「純粹租房」，即只提供房間短租供不同類型客人使用，包括夫婦[10]、情侶、偷情男女、自帶舞小姐的男客人等，一般分為時租和過夜。專攻遊客的大多在銅鑼灣區，因為那時台灣地區剛解除軍法統治中的戒嚴令[11]，很多該地旅客湧到香港購物和旅遊，他們多集中於銅鑼灣。

　　那時每個警區都有不同部門的警察到馬欖巡查，而軍裝巡邏小隊是主力，無論早、中、夜更都有巡查，但以早及夜為主。那時交通沒有現在這麼發達，很多時候馬欖成為賊人犯案後暫時藏身的地方，如發生了劫案等，各區便

10　那時居住環境狹窄，很多人在家中都不方便行周公之禮。

11　1987 年，當時台灣地區領導人蔣經國宣佈 7 月 15 日解除戒嚴令，結束了為期 38 年 56 天的戒嚴狀態。

立刻巡查馬檻，很多時候都能成功在房間拘捕逃犯和起回贓物。

法例亦規定馬檻管理人要記錄入住客人的姓名和身份證號碼，而入住的客人亦需填報有關資料給管房，所以在查房時一般是先檢查登記記錄，確定房中人數和基本資料。一般來說，一男一女是較正常的組合，如發現有不是這組合，定必列為首先搜查和提高警覺的對象。

房間通常都有電話連接管房接待處，他們一般見到警察查房，大都很快便通知所有租客，目的是提醒他們穿回衣服等待警察查房，所以如果那次查房是有目的地追查逃犯之類工作，一定先派便裝人員到馬檻及禁止他們通知住客警察查房。

在馬檻房間內一般是有機會發現被通緝的逃犯、與 16 歲以下未成年少女發生性行為（俗稱鑊仔牛柳）的男子及藏毒人士等罪犯。

除了有辛苦的一面，例如：忍受房中酸濕肥皂的味道[12]、地上濕滑、隨處棄置的毛巾、廁紙和避孕套等，亦有有趣的一面，例如：一些自稱良家婦女的女子，她們的男伴每次都不同；亦見到人生百態，有些房客是很害羞，有些卻催促我們查快一點，勿阻礙他們的好事，更有投訴警

---

12 當時尚未流行梘液。

方突然查房影響他們的生理反應，這點我相信是有的，但礙於執行職務，人心肉做，真的有點歉意！

於馬欄查牌中的警員。

香港多區存在各式各樣的「馬欄」。

16.「撞死馬」
——撞到貓狗須報警

　　「撞死馬」是中國諺語，比喻走路時橫衝直撞或做事魯莽，不顧後果和常常闖禍的人。在香港，真正撞死一隻馬在今天看來有點匪夷所思，但在香港賽馬會馬房未搬到沙田馬場時，所有馬匹操練都在跑馬地山光道馬房，每朝早上都需要由馬伕拖着馬匹由山光道馬房，一步一步的經多條街道：聚文街、景光街、奕蔭街及黃泥涌道電車路進入馬場，工作人員需截停車輛讓馬匹經過，但偶爾因為馬受驚或駕駛人士不小心而發生意外，包括馬匹踢爛車輛或車撞到馬匹，亦曾經試過馬匹被車撞死。根據香港法例，撞死馬或車輛發生意外導致馬受到損害，該車輛的司機必須停車，法例中「動物」指：馬、牛、驢、騾、綿羊、豬（不包括野豬）和山羊。

　　過去二十多年，香港人愛護動物意識不斷提高，街上見很多嬰兒車都是載着貓狗，很多更會穿上衣服和鞋襪，飲滴雞精補身，比很多老人家還矜貴，死後骨灰更成為掛

飾掛在主人身上。過去曾有位博士生灑鹽殺死蝸牛被捕，以涉殘害動物被捕成為城中熱話。為配合寵物愛好者訴求，警隊亦要成立特別防止虐待動物調查隊，虐待動物案件甚至出動重案組調查，有人更笑説做寵物好過做人。在這情況下很多人質疑香港法例追不上時代，因法例中「動物」並不包括貓和狗，相信早年訂立法例時，動物只包括農業和經濟上的動物，而不是指寵物，法例並無規定司機在發生涉及損害貓或狗的意外時必須停車。

有見近年市民飼養貓狗為寵物的數目不斷上升，這些動物在走失或被遺棄後遭車輛撞倒而受傷或死亡的風險大增。政府在 2018 年進行公眾諮詢後，建議修訂條例，將受保障動物的涵蓋範圍擴闊至包括貓和狗，以致如有車輛發生交通意外導致貓或狗受到損害 [13]，該車輛的司機必須停車，司機亦須向警務人員或任何有合理理由提出要求的人，提供包括姓名及地址的個人資料，否則須儘快而在任何情況下不遲於意外發生後 24 小時報警。如司機在撞倒指明動物後，基於任何原因（例如安全問題或可能造成更多交通意外）而未能即時在高速公路上停車，司機應儘快在安全的地方停車，然後報警。立法會於 2021 年 4 月 28日，三讀通過修例，駕車撞到貓狗等動物須報警，任何人

---

13 貓或狗如在該車輛或在該車輛所拖着的拖車之內或之上，則屬例外。

違反該條例，即屬犯罪，可判處罰款及監禁。條例於 5 月 6 日刊憲半年後實施，即 2021 年 11 月 7 日正式生效。

警隊高層出席動物守護社區大使計劃。

《道路交通條例》第 374 章第 56 條，對「動物」的定義，擴闊涵蓋至貓和狗，已於 2021 年 11 月 7 日正式生效。

17.「韓國仔」與
香港世貿會議

　　看了標題，很多人會聯想到是近年的韓風襲港，韓國的型男美女和「大長今」等，韓國在多方面近年都對香港有影響，但這次講的是香港警隊應付暴亂的影響。「韓國仔」是香港警察於九十年代仿傚韓國警察，引入一套用於暴亂時穿着的制服。韓國於六七十年代暴亂頻繁，暴徒使用較大武力，包括擲硬物和氣油彈等，韓國警察和軍人在應付暴動時發展出一套戰術及防暴制服來應對。

　　香港在 1967 年暴動後社會回復平靜，之後都沒有大型暴亂出現，只忙於應付從內地偷渡來港的非法入境者及七十年代中後期，因南越陷落而出現大量越南人投奔怒海，英國政府宣佈香港為人道收容港，越南船民（Vietnamese Boat People，簡稱 VBP）不斷湧入，政府需興建多個禁閉式船民營來代英國及聯合國收容 VBP，由懲教署及警務處分別管理。基於不同原因，包括南北越人的世仇而引起爭執，難民營內衝突非常多和嚴重，需出動機

動部隊（PTU）入營處理，但不久，PTU 小隊亦受到襲擊，包括被掟雞尾酒式汽油彈（Molotov Cocktail），那時香港警隊對此殺人炸彈一無所知，但最危險還是那時 PTU 只穿一般制服，布料混合膠纖維，非常易燃，一旦被燃燒着的汽油濺到就立刻燒着。為解燃眉之急，香港警隊很快引人來自韓國警察應付暴亂之用，具有防火功能的制服和有保護頸部護墊的頭盔，俗稱「韓國仔/ 韓國裝」，香港警察亦從此發展自己的保護衣物，以應付大大小小的暴亂。

2005 年 12 月 13-18 日，香港舉辦世界貿易組織第六次部長級會議（HKMC6），引來各國反對世貿組織和反全球化運動示威者齊集，迎來世界級遊行示威，以及十多年來的首次大型暴亂，這亦改變了香港社會運動的生態，其中尤以韓國農民最為激烈，遊行示威方法五花八門，發起多場不同形式，由和平（送花給防暴女警）至暴力（拆毀路邊鐵欄作武器）的示威及衝突，香港警隊在應付這會議亦做足準備，包括早在 2003 年墨西哥坎昆舉行的第五屆世貿會議期間，已派人員前往觀摩及拍攝世界級遊行示威和暴亂場面，回港作參考及準備，很多示威方式在香港是從未見過的，包括：睡龍[14] 等，除研究不同方法應付及如何集

14 「睡龍」是指多名示威者用鐵鍊鎖着連成一串（人鍊）卧於馬路中，目的是封鎖道路。

中警力及部門協助外，亦透過警民關係組通知有機會受影響的商戶及大廈作準備，又購置新式裝備，包括：大型水馬和改裝消防車為「水炮車」等。在後勤方面，亦加入24小時不停的膳食供應和休息設備，人員的心理質素提升及在應付暴亂不斷時的心理輔導等，期間警隊經歷前所未有的衝擊，仍能應付自如，使香港成功舉辦了一次世貿會議，很多國家視之為「奇蹟」。奇蹟之外，警隊仍不忘「賽後檢討（After Action Review）」及如何做得更好，當中發現如能在行動中加入刑偵（CID），將會更有效率和事半功倍。

除警隊外，香港很多社運人士亦學習了不同的公眾活動方法，當中，來港的韓國職業示威農民更是當中的表表者，改變了香港社運生態。

只穿着一般制服的 PTU

「韓國仔」制服具有防火功能的制服和有保護頸部護墊的頭盔。

「韓國仔」制服全副裝備

18. 顏色的玄機 —— 快相和衝紅燈相機

　　使用先進儀器協助執法，香港交通警察可算是先驅。早於七十年代已引入雷達偵測車速，利用儀器上的讀數（Readings）執法，違例司機見了讀數，在「無得拗」的情況下只能說「阿 Sir！俾次機會」。阿 Sir 則會說「有記錄，不可以改！」。告票就是在這情況下發出，比以前靠警車或電單車的咪錶來偵測車速有效及減少很多工序，例如當年那用於偵察車速的警車需事先交政府車廠檢測咪錶及調較到最準確，才可用於執法工作。

　　除了流動儀器外，亦有固定的。固定的分為偵察車速的，稱為 SEC（Speed Enforcement Camera），俗稱「快相機」；RLC（Red Light Camera）俗稱「紅燈機」，專門對付不依交通燈號的，俗稱衝紅燈。九十年代引入的主要用傳統相機，即是有菲林（Film）的，那時有一個說法，如果影到自己人或大人物，便將那卷菲林曝光便可，亦有些時候影到一些怪異圖像，更說成靈異事情等。因為菲林可拍

的相片數量有限，為了準確，每次拍攝更是需連拍最少三張，一卷菲林可拍攝到的違例車輛其實很少。

由於用固定攝影機偵測超速和衝紅燈非常有效，而在2000年左右，澳洲維多利亞省又推出他們聲稱可以減低交通意外的維多利亞解決方案（Victoria Solution），英美亦爭相學習，香港警隊亦分別派人到澳洲及英國觀摩，不二之法都是在主要道路安裝固定攝影機。警隊交通總部向運輸局建議仿效及最終同意撥款在香港島、九龍及新界部份道路設立固定攝影機，設置地點交由警務處中央交通違例檢控科（Central Traffic Prosecutions Bureau）負責，亦首次引入數碼攝影相機，可拍攝到的違例車輛比傳統菲林多很多倍，很不容易經多次示範及路演，法庭才接納數碼攝影這新技術能成為呈堂證供，開創先河，相信因此法庭在之後慢慢接受這新技術於其他案件上。

那時，設置流動偵測車速機和固定裝置都屬行動機密而不公開的，而那固定偵測機裝置更漆上不顯眼的灰色，但被人垢病謂警察設置陷阱替政府收稅而非為了道路安全。

安裝了數碼攝影機的固定裝置於2004年開始使用，那時交通總部的總警司非常開明，不但不反駁這些批評，更將所有偵察車速及衝紅燈地點公開及放上警察互聯網上，更把漆上暗灰色的固定裝置改為明亮的橙色，很易在路上被察覺。

早期因撥款及人手問題，不是每一裝置都有攝影機的，只是輪流使用，「籠多雀少，未能一籠一鳥！」放於意外較多地點，雖則如此，沒有攝影機的裝置亦起了「稻草人」作用，大大提高道路安全，加上從小教導道路安全的重要，造就香港今天成為世界上交通意外率最低的地方之一。

快相機

筆者曾前往英國交流交通執法事宜。

從小教導道路安全

紅燈機

19. 警司及總警司警誡（刮唇）

　　警司警誡的英文是 Superintendent Discretion，因 Discretion 較難發音讀出，特別是早年一些不懂英語的同事，所以只取其第二及第三音用本地話接近地讀出，讀成「刮唇」，同事們就這樣稱警司警誡為「刮唇」。

　　警司警誡是當一名介乎於 10 歲至未滿 18 歲的少年人因犯案而被拘捕，並有足夠證據被起訴時，警方除了可把有關案件交由少年法庭（Juvenile Court）／一般法庭（與 18 歲或以上的成人一同犯案）審理外，亦可在警司警誡計劃下，酌情由一名警司或以上職級的警務人員，向該名少年人施行警誡，而涉案青少年須接受警方監管，為期兩年或直至該名青少年年滿 18 歲為止（兩者中以較短的期限為準）。在決定是否以警司警誡的手法處理案件時，必須考慮因素或符合條件：

　　（1）有充分證據提出檢控；

　　（2）涉案青少年罪犯自願及明確承認罪行；

（3）涉案青少年罪犯及其家長或監護人同意進行警誡；

（4）罪行的性質、嚴重程度及普遍性；

（5）涉案青少年罪犯過往的刑事紀錄；

（6）原訴人的態度。

警司警誡計劃的重點是透過糾正督導而非法律制裁，讓那些觸犯輕微罪行的青少年，能夠有改過自新的機會。

我當警司的時候，一般做法是由偵緝部（CID）同事準備好案情檔案，經他們的總督察同意後才呈給我，我考慮以上情況後，便決定是否適宜「刮唇」，我一般會定了一星期一天為「刮唇」日，以便同事作安排，特別是青少年的家長或監護人需要上班，因而希望在午飯時間或放工後會面。

另外，由2008年起，經過多年研究，將青少年警司警誡計劃延伸到長者，六十五歲或以上無案底的犯罪長者，只要案件性質輕微，無涉及暴力傷人、毒品及性罪行，改以總警司警誡。換言之，這些老人家將可避免上法庭。

長者犯罪多以聚賭及偷竊為主，這類輕微罪行令警方和法庭大為頭痛，各個警區因應不同環境和民情，在處理這些長者時有不同，部分警區以酌情方式，口頭警告干犯輕微罪行的長者，有警區則對年老犯罪者提出檢控，不一致的做法使執法困難和受到不必要的批評。

總警司警誡推出後，備受好評，不但提高執法效率，亦同時節省很多法庭寶貴的時間及減少長者面對審訊的壓力。

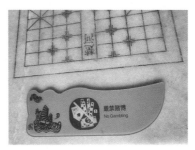

警司可用自己辦的公室或圖中的接見室
執行警司警誡。

公園當局已貼上清晰的告示牌，提醒棋友
嚴禁賭博。

——— SHATIN DISTRICT ———

重陽長假期持續打擊街頭聚賭

為減少街頭聚賭對區內市民造成的滋擾及保障環境衛
生，沙田警區特別職務隊、馬鞍山分區特遣隊及軍裝
巡邏小隊人員，聯同房屋署職員，在馬鞍山利安邨一
帶展開代號「軌跡」的反街頭賭博行動。

行動中，人員在利安邨一帶拘捕八名本地男子，年齡
介乎五十四至七十五歲，除檢獲紙牌及少量現金外，
房屋署人員亦協助棄置與街頭賭博有關的傢俱及食
物，以保障邨內環境衛生。

沙田警區一直致力透過多機構合作，從教育、宣傳及
執法方面改善區內聚賭問題。警方會繼續密切注視區
內情況，並聯合相關部門及各持份者加強巡查，嚴厲
打擊街頭賭博活動。

警方不時作出嚴禁聚賭的告示，並會加強巡查，打擊
街頭賭博活動。

20. 警察節與香港警察隊紀念日

　　國務院 2020 年通過公安部申請設立「中國人民警察節」，批准自 2021 年起，每年 1 月 10 日為「中國人民警察節」。據悉，2010 年全國兩會期間，有人大代表建議把每年 1 月 20 日設立為「人民警察節」，紀念八位在海地共和國地震中殉職的維和警察：朱曉平、郭寶山、王樹林、李欽、鐘薦勤、和志虹（女）、李曉明及趙化宇。經詳細分析及討論後，確定 1 月 10 日最合適。因為自 1986 年 1 月 10 日，廣州市公安局率先建立第一個 110 報警服務台（相等於香港的「999」）。1996 年，公安部在福建漳州召開全國城市 110 報警服務台建設會後，全面推廣 110 報警服務台。經過 30 多年的使用，110 已成為警察隊的代號，近年每年 1 月 10 日各省市都舉辦不同形式的 110 宣傳活動，這一日極具代表性，將之訂為「中國人民警察節」，非常有意義和有標誌性。設立警察節，是對警察為人民服務的充分肯定。

「警察節」或「警察日」不是新事物，世界上很多國家和地方都有：10 月 21 日是韓國警察節；11 月 10 日是俄羅斯警察節；美國則有警察紀念日；而台灣地區警察的基本法規警察法，於 1979 年 6 月 15 日正式施行，所以自那年起便訂每年的 6 月 15 日為警察節，告訴市民警察在社會上的重要角色，在 615 警察節前夕，很多商業機構更推出「全國警察優惠專案」，提供旅遊渡假優惠等給在職警察。

在香港，2019 年因反對《逃犯條例》修訂草案而引發一連串暴力事件和暴動，警察謹守崗位，嚴正執法，將暴徒繩之於法，在極困難下讓社會恢復秩序，但在執法過程中，很多警務人員受到不同程度的欺凌，包括：親友家屬被「起底」、紀律部隊宿舍被襲、警署被掟汽油彈、商場拒絕警察進入、餐廳拒絕接待警察等，使很多警察和家人身心受創。為了支持香港警察，有團體在 2020 年 8 月 10 日發起「全民撐警日」活動，多個團體及附近街坊帶同橫額及標語到多間警署表達慰問及送上果籃和心意卡，支持警方執法。之後更有很多人包括撲滅罪行委員會委員都同意及希望每年的 8 月 10 日舉辦「香港警察日」，向辛勞的香港警察表達謝意。

不同行業都有其「節」或「日」去紀念或彰顯其行業的重要性，並吸引新人加入，例如有：「教師節」、「記者節」等，警察有其節日是當然不過的，我相信香港不必再傷腦

筋去另訂一天為「香港警察日」，香港既是中國的一部分，國家已訂每年 1 月 10 日為「中國人民警察節」，香港和澳門亦應跟隨在該天和內地同行一起慶祝。

另一方面，香港警務處每年都於香港警察總部舉行警 隊 紀 念 日（Hong Kong Police Force Remembrance Day），悼念在執行職務期間殉職的警隊正規人員及輔警人員，警察學院及警察樂隊派員組成儀仗隊。警務處處長、首長級高級人員、助理處長級人員、同級輔警人員及文職人員，以及各主要警隊單位及輔警單位的代表出席儀式。另外，香港警務處退役同僚協會及皇家香港警察協會亦獲邀派員出席。

1 月 10 日為「中國人民警察節」

民間組織發起的「全民撐警日」活動

筆者出席 2023 年警務處紀念日儀式，
向殉職舊同僚致敬。

警隊紀念日悼念儀式

21. 警察臨床心理學家

不同年代的警隊一哥（警務處長）接受訪問時，記者都常問：「經常見到一些前線警務人員在執法時被無理辱罵，特別是一些較年青和資歷較淺者，如何訓練到他們可以忍受這些無理取鬧呢？」一哥説：其實警隊在這方面很有經驗，是有多位臨床心理學家協助訓練及「解憂」的，特別是近年一些同事因執法致家人遭到起底等。

在電視和戲劇時常出現一種叫「心理醫生」的稱謂，實際上是分開「臨床心理學家（Clinical Psychologist）」和「精神科醫生（Psychiatrist）」的。臨床心理學家是用科學認證的心理療法去處理情緒困擾和心理引發的問題，主要以對話方式（Talk Therapy）去處理情緒及提供解決方向。

香港警隊早於八十年代初已引入臨床心理學家提供服務，其服務範圍越來越廣，還記得當時接觸第一位臨床心理學家譚金愛女士，她來到我駐守的香港衝鋒隊為人員講心理課，那時在香港是相當創新和有前瞻性的，她講了很

多理論和方法，例如執法時的同理心和了解對方感受等都是相當有用，更提醒大家「男兒流血不流淚」的理論很多時候是不正確的。

後來更擴充成為一個「心理服務課（Psychological Services Group）」，多年來和他們有很多合作，包括處理一些同事的健康問題和他們協助處理人質危機，分析當時犯罪者心態，從而進行談判，減少使用武力去化解危機等。

警察臨床心理學家都是非常專業和經驗豐富，熟悉各種輔導技巧，對人的性格、壓力、情緒及精神健康問題有深入理解，最重要還是他們了解警隊運作及文化，明白人員的心態處境和困難。

除了開槍後是必須會見警察臨床心理學家之外，其他情況大都是自願性質，資料保密。他們更不定時舉辦講座推廣「平衡與智慧」。

一生中總有機會面對不同問題而被困在其中，應保持開放的態度去尋求臨床心理學家協助，這其實是沒有甚麼大不了。很多同事接受輔導後有不同心聲，包括：

（1）心理學家的見解、說法、方法等可以使一個問題有多角度應對，可以打破自己的牛角尖；

（2）心理有壓力時，不妨向心理組尋求協助，好比有病看醫生；

（3）曾有一位警長因管教子女和臨近退休感到很大壓力，經心理輔導後，他不但對自己的擔憂有較理性的了解，亦學會了如何有效地減壓，使生活更精彩。

很多警隊同事接受輔導後都有不同心聲。

警察心理服務課至今已有 40 載。

22. 讚賞

　　人總是喜歡「被稱讚」，這是與生俱來的，是心理上的「虛榮與認同感」。近年更有些人為在網上搏取大眾稱讚（呃like），不惜冒生命危險去拍一些「使人咋舌」的相，有人甚至賠上生命。

　　在警隊，「讚賞」是一種傳統及制度，究其原因，政府部門有別於一般私人機構，可以用實質的東西如：金錢或禮物去獎勵員工、提高生產力及士氣。在政府部門之中，有效的方式就是讚賞，由最低層次的拍拍膊頭稱讚「做得好」，到最高層次的獎狀獎章，都是各種形式的「讚賞」。不同國家亦會用俗稱「荷蘭水蓋」（勳章）這方式去獎勵對社會有貢獻及對管治有幫助的人和機構。

　　警隊有不同層次的讚賞，由口頭稱讚起，有各層的指揮官發出書面讚賞[15]，通常是破案或在一段時間表現出色等，

---

15 以往只有警署的署長（不論階級）及警司或以上才可發出，現在隨意很多，警長發出的書面讚賞都有。

這些都是加在服務記錄（行為簿，Record of Service）之內，而總區指揮官（Regional Commander），助理處長級和以上的嘉獎更是一張獎狀（沙紙），稱為 COC（Commanding Office Commendation）。而警隊內部最高的便是處長嘉獎（CP Commendation），記錄和獎狀加一條警察三色的銀雞（警笛）繩，又稱花雞繩，替代本身黑色的，穿軍裝時穿帶[16]，是首位華人處長李君夏任內所創。

而更高級的讚賞則是行政長官社區服務獎狀[17]（Chief Executive's Commendation for Community Service），亦附有一條紅色的銀雞繩，取代黑或花雞繩穿軍裝時穿帶。

每一個讚賞，無論是口頭還是到禮賓府領取，背後都有一個故事，生死一線、救死扶傷、傑出貢獻等不平凡經歷，或只是幸運、時勢做英雄和踏着別人肩膊等，很多都是畢生難忘或成為夢魘。這「讚賞」制度是非常好及受歡迎，但得獎與否有時亦看命運和際遇，有些上級很喜歡用讚賞作鼓勵，有些則是「百彈齋主／滅絕師太」，不給麻煩已勝過讚賞！另一方面亦要看時勢，讚賞是管理的竅門，太平盛世自然少，社會不穩時一定多。制度是公平的，只

---

16 花雞繩在 1992 年香港槍林彈雨時期才開始有，最初建議是藍色，但中國人忌諱，意思像死人燈籠上的藍色，因而改成三色。

17 回歸前則是港督嘉獎。

1990 年的剪報，當時警方的出色工作和表現獲市　行政長官社區服務獎狀
民讚賞。

處長嘉獎 —— 花雞繩　　　　　　紅色的銀雞繩

是總會有些人更公平及有運！功名利祿，冥冥中有安排。少驚少險，逢凶化吉，步過終點，才是上上之策。

讚賞對升職調職有一定幫助，對安於現狀者是寒天的一杯温水，犯錯者能將功補過。除了這些，還有林林總總不同的獎章和公務員事務局長/ 海事處長嘉許狀等。

總區指揮官嘉獎獎狀

市民的讚賞同樣重要

禮賓府銀授獎狀典禮

第三章

警隊內的地道情懷

1. XX 與 1 號車牌

在馬路上，常見 X 字頭的車牌有 XA、XB 等，而「XX」則很早已有。香港汽車牌由無到有，已超過百年，香港最早發出的車牌是 1887 年引入的人力車。最早發牌給汽車開始由 1 至 99999，不同組的號碼亦留給不同車種，例如：5 字頭（5001-5999）是貨車，8 字頭（8001-8999）是政府車，後來才取消，電單車則是分開發出的，這時都是沒有英文字首的。從無字頭到後來的英文單字母如 E123，今天仍可見到的，那是牌主一代傳一代的「靚牌」。數目字車牌後便開始用英文字首雙字母的，傳聞最初是用上了香港（Hong Kong）的縮寫 HK，HK9999 之後應是用 AA，但相信是一場美麗的誤會。至於何以用上了 XX，有一說是因負責的洋人警官上司寫便箋（Memo）詢問下屬應用 XX（乜乜，意謂甚麼）字頭，下屬誤把乜乜當作命令而直接用上了 XX[1]，結果唯有將錯就錯，HK 之後便是 XX（乜

---

1 華人下屬一般不敢向壞脾氣的洋人上司澄清問題，當時是很常見的。

乜）字頭，美麗誤會是否屬實則是香港一段有趣的歷史懸案，烏烏龍龍創出傳奇。

車牌除了方便管理外，亦發揮其他同途，例如身份象徵或一看便知車主是誰等，早期 1 至 10 號和一些特別冧吧是供政府官員和政府特許的機構和團體使用。後來發展很多縮寫給官員使用，例如：CS（Chief Secretary，政務司司長），回歸前的 CBF（Commander of British Force，英三軍司令）等，又給特別部門如以往的 UC（Urban Council，市政局）和 RC（Regional Council，區城市政局）等，而 AM 則為政府車，消防用 F，救護用 A 等等，鄉村車用 VV，回歸後亦給解放軍用 ZG 字頭（Zhu Gang，駐港），特首用特區區徽。

以往從一般車牌可看出車輛年份等，但後來的可保留舊牌制度打亂了這觀察，因為有新牌舊車和舊牌新車陸續出現。近年亦加入自訂車輛登記號碼系列（Personalized Vehicle Registration Marks）就使情況變得複雜了。

如字頭用到 ZZ 9999 後又用甚麼字頭呢？相信可將英文字頭從兩個加到三個如：AAA、AAB 等，但這牽涉一些系統更新，亦可考慮重用已收回的舊牌由數目字開始。現今科技進步，亦可趁此機會發展一套創新的車牌系統，不一定要沿用百多年前的方法。

香港自有第一輛人力車開始，已交由香港警察負責管

理，包括後來引入汽車之後的發牌制度及駕駛考驗等工作，這延續到第二次世界大戰後，因政府重組和警務工作實在太多，加上發牌考車牌等工作不需要像警務工作這麼多專業訓練和知識，便將部份工種分給新設立的部門。1965年，這方面工作交由隸屬布政司署新成立的交通事務處（1982年重組為運輸科），1974年改名為運輸署，負責管理運輸事宜。

在此之前，香港警隊已使用一號車牌為處長座駕，所以香港警務處處長是名正言順的「一哥」。

「一哥」（警務處處長）車牌

行政長官專用車，車牌是以特區區徽表示。

60年代，以「HK」為首的車牌。（照片來源：Oldhkphoto.com）

傳奇般的「XX」車牌，早見於60年代的香港，圖為位於天星碼頭停車場前的座駕。

2.「卑路乍」情困淺水灣，
樂在快活谷

　　七十年代駐守跑馬地警署時，常見很多資深考古學家和歷史學者到那裏的墳場區 [2] 考察和研究，因為那是香港最早的墳場，很多名人和與香港歷史有關的人物都長眠於此，包括第一位安葬於此的英國軍艦響尾蛇號（HMS Rattlesnake）艦長威廉布羅迪（William Bardie）、早期華人精英何東、何啟、被清政府刺殺的興中會創辦人楊衢雲和電影明星林黛等，那時很多人直譯跑馬地 Happy Valley 為快活谷，而電車路線牌亦寫快活谷，很多人說外國人忌諱，把死亡説成快活。

　　那時駐守 Happy Valley 被戲稱為 Very Happy，因工作實在不多，與街坊（很多是馬會員工）和居民（很多是非常富有的大家族後人）關係非常好，當值時亦多姿多彩，很多同事喜歡一起耍樂，我則喜歡向那些考古學家和學者

2　包括有：香港墳場、天主教、拜火教、回教和印度教墳場。

學習，聽他們講一些有趣的香港故事。說到快活谷，他們說那谷原稱「卑路乍」，他是一位英國測量師及海軍軍官。1841 年 2 月 16 日，英軍登陸並強佔香港，在今日的水坑口街（Possession Street，原稱佔領角）登岸及在大笪地升起第一支英國旗，卑路乍是其中一份子，之後他負責在香港島做測量調查及繪製第一張香港島地圖，首張印刷地圖於 1843 年出版，全是根據他的測繪製作而成。他很喜歡用自己名字來命名地方，例如今天西環的卑路乍街、卑路乍灣和寶翠園。寶翠園在改為政府公務員合作建屋計劃前，該地原稱為卑路乍炮台。

卑路乍是一個多情種子，當時正追求一位美麗少女，他最初把跑馬地命名為 Belcher Valley，一天他帶隊去勘察淺水灣，在早上出發前，約會那美少女晚上見，但不知原因，那女子拒絕了他，他心中不高興，當到淺水灣時，就將之命名為 Repulse Bay（拒絕之意）。過了幾天他正在繪劃地圖時，那女子突然到來約會他，使他喜出望外，他立即把地圖中的 Belcher Valley 改為 Happy Valley，後來他們的感情如何發展就不得而知，但相信他當時是很高興。

我當時聽了那有趣故事，只記在筆記簿中，無從考究。但有說 Repulse Bay 的「Repulse」是紀念當時的一艘軍艦「Repluse 號」，但那是值得商榷的，因為 1840 年香港英軍沒有這名字的艦／艇。

這些故事一直存在我的記錄中，直至一次無意中翻閱一些舊書籍，在其中一本由 Mr. Arthur Hacker[3] 於 1997 年寫的書 *Hong Kong — A Rare Photographic Record of the 1860s*，書中亦找到這故事，因此説來供大家玩味。

早期的跑馬地

Arthur Hacker（許敬雅）的著作 *Hong Kong— A Rare Photographic Record of the 1860s*

3　中文名許敬雅（1932-2018），英籍香港插畫家、畫家和歷史學家，1967-1989 年任職於政府新聞處，很多海報、書刊和郵票，以及 1972 年的「垃圾蟲」卡通人物等都是他的作品。

3. 香港警察拜關帝與不同宗教文化

　　「拜關帝」是香港警隊傳統，華人警察承傳中國源遠流長的文化並將其發揚光大，是一種現代忠誠團結進步精神，早已跨越迷信與宗教的框框，成為獨特的警察非物質文化遺產。有些人對這文化不大了解，說黑社會和地下組織都拜關帝，警察拜關帝便有問題云云，其實香港不同行業都有拜關帝的傳統，就等於警察、普通市民及黑社會都要吃飯和飲茶是同一道理。

　　另一方面，他們不了解警隊一向是尊重各人的信仰及宗教多元化，能容納及融入不同宗教與文化。早年香港警隊有很多印度人，他們篤信印度教或錫克教等宗教，在中央警署（今之大館）便有他們教派的小廟。另一方面，也有很多外籍警察是信耶教（基督或天主教），他們都會在辦公室放置他們教派的飾物，如十字架、旗幟和聖經等，受他們影響，警隊有些人都信耶教，而警察亦有一個基督教團契 —— 以諾團契，他們做很多服務和到各警署善用午飯時間舉行午間

小聚，為同事在靈性上提供豐盛和有意義的午餐。

而各區警民關係組人員及指揮官等管理層，亦會放下自己的宗教思想去參與不同宗教舉行的地區活動，例如：廟宇開光、觀音誕、譚公誕、大王爺誕和太平清醮等。近年，更參與很多少數族裔的宗教活動，例如清真寺的伊斯蘭開齋節慶祝禱告會等，更協助並鼓勵他們年青一代加入警隊，所以警隊內又多了信奉伊斯蘭教的人員。

除了一些較多人參與的宗教活動外，警隊亦有人信奉和參與不同宗教或習俗：回教、觀音、天后（馬祖）、黃大仙（多位舊同事更是德高望重的教長）和呂祖等，近年信奉佛教的同事更組織了佛學會，推廣正信佛法和透過佛陀的智慧來解決各方各界層出不窮的問題。

2017 年在中環遮打花園舉行的香港第一屆關帝節　　警察以諾團契

黃大仙警署內，亦有拜黃大仙的活動。

但一點是清晰的，無論是信甚麼宗教，都需根據法律和既定程序辦事。至於如何演繹，不同宗教的人或許有些不同，例如多點同理心等，但無礙工作，只令事情辦得更完美和人性化。

過往亦曾有一些位居管理層的「超虔誠」教徒假公濟私，想推行一些「排他」行動，例如拆關帝擺設等，但很快便遭到同事極力反對而收手。互相尊重和多元才是永恆的硬道理。

多元文化交流活動

4.「來路」會館

七八十年代，警隊有命令不准警務人員參與任何社團、工會和組織等，除工作及獲批准外，不得進入一些聲譽不佳或經常有「有背景」人士出入的場所。

但很多同事都知，部份外籍同事是一個外來秘密組織的成員，他們是 Mason（石匠），有一些更是該組織的骨幹成員，他們身份神秘，只用暗號識別身份。他們在該組織的階級比在警隊的階級更重要。在 1997 年回歸前，該組織更吸納了一些高級華籍警官為會員。雖然如此，該組織仍是神秘，有人說是一另類教派，很多警隊同事在不了解其組織更稱該組織為「洋人幫會／會館」。

該會 Freemasonry，中文稱為「共濟會」，1717 年始於英國，以「博愛、真實、救濟」三大原則創立，最早是於公元前 4000 年由石匠組成，故稱 Mason，後來慢慢流傳於西方上流社會，只招收男性會員，是真真正正的「兄弟幫」，入會和在一些重要事情上，都是使用他們的暗語。

香港開埠不久於 1844 年便有共濟分會，會員全是英

國人，這亦可從跑馬地香港墳場早年高官墓碑上可見其標誌，直至回歸前都是只有極少數和英國有密切聯繫的高級華人成為會員，現今香港共濟會（屬於英格蘭分支）的掌舵人亦是一位前立法局華人議員。

香港共濟會總部原位於現在的皇后大道中的新世界大廈，但在第二次世界大戰時被日本人炸毀，戰後 1950 年於半山堅尼地道一號重建，取名雍人會館（Zetland Hall），取名自十九世紀一位英國共濟會伯爵，外表上與一般高級私人會所無異。

全世界現有 40 個共濟會分會，會員超過 500 萬人，英國前首相邱吉爾、美國多位前總統包括華盛頓等都是會員，而香港多位前總督和大法官及多位家族顯赫華人都是會員。

會員分為三級，最高級稱為 Master Mason。如想升級，必須了解和熟識共濟會最大的秘密暗號。暗號沿於最

雍人會館（Zetland Hall）現址

初石匠不識字，所有均以石匠們自創的一套暗號來表達及區分「自己人」。入會儀式如何挑選會員規則和他們開會的制服亦加添了共濟會的神秘感！

會館之內

5. 大館聖誕香料暖酒籌善款

香港至今最大規模的古蹟保育及活化項目「大館 ——古蹟及藝術館」，自 2018 年 5 月開放以來，首年已吸引了超過 340 萬人次到訪，曾榮獲聯合國教科文組織亞太區文化遺產保護獎的最高榮譽的卓越獎項。評審團評大館的保育技術質量達國際標準，並為文物訂下了新指標，有效確保歷史悠久的文物之原真性和完整性。

我覺得是實至名歸，可喜可賀，其實大館除了「硬件」，更有「軟件」的一面，聖誕節將至，使我想起那裏當年的警官餐廳（Officers' Mess），坐落於總部大樓一樓，會員不單是在那建築羣工作的警官（督察或以上），更包括工作於港島各警區的警官。

大館每年均舉辦聖誕節午餐聚會（Christmas lunch），吃火雞、喝美酒和享用豐富食物，身材最健碩那位會扮成聖誕老人向各人問好及派小禮物，很多參加者亦悉心打扮，戴上聖誕帽及飾物，最值得懷念和有意思則是在普天同慶慶祝聖誕節的同時，都不會忘記需要幫助（Less privileged）的人。在聖誕午餐開始前，負責酒水的會員（Bar member）先煮好一大煲叫 Mulled Wine[4]，德文為 Glühwein、法文為 Vin Chaud 的飲料。做法是用一大錦煲，倒入普通價錢平價紅酒，普通白蘭地（三星級），加新鮮橙（連皮）、薑（去皮）、檸檬皮和乾香料（包括肉桂皮、八角、丁香及豆蔻），加適量水慢火一起煮至 70 度左右後，加蔗糖（片糖）及一些葡萄乾和櫻桃乾等，用金屬湯匙拌勻，盛於杯或碗中，便可飲用。

在寒冷的聖誕日，每位到來的會員都獲奉上一杯，捧在手裏非常溫暖，飲進肚子使身體暖和，與此同時，有一捐款箱放於酒吧中央，或由會員拿着向各人勸捐，待聖誕午餐及切火雞前，主席（President of the Mess Committee，PMC）或港島區指揮官（Regional Commander Hong Kong Island）會宣佈該次共籌得多少款項及打算捐助那些機構，亦會提醒各人在那家庭團聚和普天同慶日子，勿忘幫助有需要的人和珍惜這大家團聚的時刻。

Mulled Wine 其實已經有很悠久歷史，相傳是源於古羅馬時候，葡萄酒容易變質，在酒中加入含豐富維生素的蔬果和蜂蜜，使能保存起來飲用，慢慢傳到歐洲成為一種傳統的冬季飲品，尤其在耶誕節。而大館的 Mulled Wine

---

4　那時沒有中文譯名，近年有譯為「聖誕香料暖酒」。

則主要由來自蘇格蘭的警察開始煮，後加入英國本土和香港多元的元素，煮出獨特的香港 Mulled Wine，希望這傳統能保留及流傳，特別是在普天同慶的日子仍不忘需要照顧的人，這可説是大館非物質文化的一部份。

大館總部大樓一樓

6. 警察員佐級協會會長
鍾士元與飛哥

　　香港政壇兩位元老級人物在疫情前後相繼離世，人稱「大 Sir」的鍾士元（1917-2018）和「飛哥」的李鵬飛（1940-2020），他們亦師亦友，以從政時間和年紀來看，用師徒之名來形容他們亦恰當不過。

　　早於 1978 年成立警察員佐級協會時，已邀請大 Sir 成為顧問及會長，他洞悉當時港英政府在 1966 及 1967 年暴動後管治的改變，香港警隊面對的困難和變革，員佐級不應像以往般被動，啟發我們主動爭取自己合理福利和權益才是上策。他的見解亦應驗於近年的議事廳，以往想法是依法辦事，遠離政治，自然會有人照顧我們的福利。這想法實在是大錯特錯，求人不如求己，運用自己影響力才有機會爭取到自己應得的，否則只是徒然。可見近年員佐級協會主席的曝光率大增，為會員說出心底話，爭取合理權益。

　　最近翻看一張回歸後不久飛哥訪問大 Sir 的 VCD，回

顧香港的回歸歷程，大 Sir 在 1965 年已被委任為立法局議員，及後更擔任首席議員，在港英洋人優先年代，他如何為華人爭取平等及改善香港的管治，他亦談及一些鮮為人知及影響香港前途的舊聞。他們當年亦想過香港脫離英國統治而獨立，但自中華人民共和國於 1976 年，在聯合國宣佈香港是中國的固有領土及不承認其殖民地地位，他們知道中華人民共和國已對香港有承擔，獨立不可能是出路，問題只是何時決定中國收回香港。1978 年，他成為行政局議員，不久，香港前途問題提上中英議事日程，大 Sir 引薦「青年才俊」飛哥入政壇，而中方亦希望大 Sir 加入，他自知很難分身，便促成香港商人安子介成為國家領導人。

中英談判香港前途問題，港人被排於外，但他們仍奔走於北京和倫敦，為香港人爭取最大利益，向北京表達香港人意願，他們提出的「主權換治權」和爭取港人「居英權」等均一一落空。

回歸前，他們均有機會問鼎「特首」之職，但大 Sir 鑑於年事已高，他拒絕了當時國務院港澳辦主任魯平的建議。而 1987-1992 年的港督衛奕信[5]，他所認定的特首人選飛哥，亦因為後來被彭定康取代而計劃告吹。

5　八十年代參與起草《中英聯合聲明》，後擔任英方首席代表。

憑他們長期在政壇的經驗和曾參與中英香港前途談判，如果他們成為第一任特首，定必改寫今天香港歷史。但歷史沒有如果，只有教訓，唯有經一事長一智。

政壇元老，人稱「大 Sir」鍾士元。

1995 年，「飛哥」李鵬飛當選為議員。

7. 當年「堂口」與 大坑火龍共舞

　　每年中秋，是港島銅鑼灣大坑舞三天火龍的日子，近年在香港旅遊協會大力推廣下，已成為一年一度的盛事，火龍更舞出大坑到維多利亞公園，2011 年列入了第三批中國國家級非物質文化遺產名錄。

　　大坑在七十年代前歸跑馬地警署（灣仔警區）管轄，後劃入已拆卸的銅鑼灣警署（東區警區）管轄。這兩區我都駐守過，所以有機會追尋大坑舞火龍鮮為人知一面的故事。

　　今天的大坑自成一角，但以往大坑是受着山上蓮花宮村、馬山村和牙菜坑村影響，那些村出名是鴉片煙毒窟（後來紅丸、白粉（海洛英）等）和黑社會控制的非法活動，在普遍貪污年代，是受港英政府高層和相關部門包庇。舞火龍亦是由不同勢力「官民合作」所控制，龍頭是馬山村人負責、龍珠由蓮花宮村人手持，一般大坑街坊只可舞龍身，而龍尾則交由軍營設於現時巴士站（中央圖書館側）的水雷炮兵（華籍英兵）負責。

大坑舞火龍源於 1880 年左右發生於大坑一帶的一場瘟疫，傳說當時村民打死了一條大蛇，第二天蛇屍卻不見了，在中秋節前一天瘟疫開始蔓延，死了許多人，村中父老得菩薩報夢，用禾稈草（附近禾田的禾稈草，現已改從內地購買的珍珠草）紮在一條大麻繩上，插上燃點的長壽香，在村中舞動，便可驅除瘟疫。龍珠用一個碌柚插於竹枝上，龍鬚是附近大榕樹的氣根，舞動時村民可向火龍捉點燃的爆竹，增加氣氛，而舞龍者（全男班）為免被爆竹灼傷，把褲腳扎着，那時火龍長短年年不同，視乎所能籌到多少錢，於迎月夜、中秋節當晚和追月夜舞三晚，每一晚都請來不同嘉賓主禮。以往只請東區警區指揮官，但自 1990 年起，邀請了港島總區指揮官（史務實（Smallshaw）是第一位總區指揮官出席）。第三晚火龍便歸天，拋下避風塘海中（現時維多利亞公園位置），漁民則廢物利用，撈起火龍，清理禾草，把龍身麻繩改為船纜。

舞火龍可驅瘟疫，主要是爆竹有硫磺，能發揮殺菌作用，爆竹的巨響濃煙亦殺死甲由老鼠等害蟲。在 1967 年暴動後，政府明令禁止放爆竹，但到九十年代才禁絕舞火龍時放爆竹。火龍只在日本人佔領香港期間停舞，1967年因暴動而只在中秋節當晚舞火龍。

舞火龍以往是一種與民（村民）同樂的節目，除參與舞動外，亦有追火龍和相信被龍身的香灼過可驅除厄運，但

近年為了安全，將火龍與觀眾分隔及包裝成一旅遊項目，
已大大偏離其最初意義了。

助理處長史務實（Smallshaw），是第一位總區指揮官出席大坑坊眾福利會。筆者當時
穿警察制服，是當時銅鑼灣警署助理指揮官（行動）。

東區警區指揮官，有「皇阿媽」之稱的王梁錦珊總警司為火龍插花球。

港島總區指揮官史務實主禮大坑坊眾福利會。

火龍頭

8. 午炮與掟酒杯風波

　　每次和朋友到銅鑼灣避風塘岸邊，舊怡東酒店對面，重新開放的警官會所[6]（Police Officers' Club）飲茶，在正午前一定提醒朋友留意怡和午炮（The Jardine Noonday Gun）的炮聲，以免嚇到跳起。

　　怡和午炮位於警官會所東側，裝嵌在怡和洋行的北向海邊炮台，每天中午鳴放禮炮一響，鳴炮前穿整齊制服的炮手需先敲打掛在欄邊的銅鐘八次。傳聞是源自開埠初期，怡和公司從政府成功投得現時東角道一帶（原稱鵝頭咀）新填海地用作總部及倉庫，鳴炮是用作敲鐘報時，提醒員工上午工作時段結束。另一傳說是怡和當時擁有大砲衛隊，每逢公司大班抵港或離港，必鳴放禮炮致敬。有一次鳴炮儀式，震耳欲聾的炮聲把剛巧在海港軍艦上的海軍指揮官嚇了一跳，結果海軍命令怡和每天正午須鳴砲一次報時。

6　1986 年啟用，2015 年交港鐵公司拆卸讓路興建沙中線地底工程，竣工後原址重建，2021 年 8 月重新啟用。

真正原因現已無從稽考，但 1870 年 1 月 3 日的 Hong Kong Daily Press（孖剌西報）[7] 有此報導：「縱使香港向英國上繳大筆軍費，香港政府都決定停止這每天鳴炮報時的服務，怡和早期創辦人馬搭尼克（Magniac）、渣甸（Jardine）和馬弗森（Matheson）等人決定自行購買一門禮炮，延續每天的午炮。」

另一方面，現時的怡和禮炮（速射炮）原屬香港水警擁有，原置於尖沙咀舊水警總部小花園內，是四號水警輪甲板上的「三磅（炮彈）哈克開斯式海軍速射炮（Hotchkiss Mark I three-pound quick-firing naval gun）」，該警輪於 1946 年 7 月遇難沉沒，七名船員殉職，輪上速射炮後在油麻地政府船塢一工場內尋回，直至 1952 年由韋能（Ray White）購回及重置在小花園內。怡和在二戰前使用的是一門「前裝炮（Muzzle Loading Cannon）」，在日本侵略香港時被搶走並運回日本，從此消失，午炮於日治時期銷聲匿跡，戰後怡和獲皇家海軍送贈一門「六磅（炮彈）哈克開斯式海軍速射炮（Hotchkiss Mark I six-pound quick-firing naval gun）」，1915 年製造，原裝在英國皇家海軍戰艦 HMS President 號，於二戰後退役，該速射炮於 1947 年至 1961 年裝置於怡和炮台鳴放午炮。

---

7 香港早期的英文報紙，1857 年 10 月 1 日創刊。

1960 年，由於投訴炮聲太大的人和機構不斷上升，加上六磅炮彈供應短缺，如何繼續這傳統是一頭痛問題。同年 10 月，怡和大班柏信（T.M.Parsons）看中置於尖沙咀水警總部小花園的「三磅哈克開斯式海軍速射炮」，他跟警務處助理處長戴磊華（Edward Tyrer）[8] 商量及希望交換，戴磊華一口答應了，引起當時很多水警人員不滿，但交換仍於 1961 年 5 月進行，自此原為怡和的「六磅哈克開斯式海軍速射炮」就置於尖沙咀水警總部小花園，直至 1974 年隨水警總部遷至西灣河舊碼頭海邊至今。而原置於尖沙咀水警總部小花園的「三磅哈克開斯式海軍速射炮」便從此肩負午炮的重責。

　　從 1989 年開始，只須捐款 33,000 元或以上給公益金，便可以獲安排鳴放午炮。現除每天鳴放的午炮外，每年踏入元旦還有「子夜鳴炮」送舊迎新歲。

　　回歸前子夜鳴炮亦曾發生「飛酒杯」事件，一隻酒杯從天而降直飛入參加子夜鳴炮人羣，酒杯從何處飛來就不得而知，但同一時間在警官會所天臺有一項「掟酒杯迎新年」儀式，最後不知只是「酒杯裏的風波」，還是「風波裏的酒杯」。

8　1966 年 12 月至 1967 年 7 月期間，戴磊華擔任警務處長。

六磅哈克開斯式海軍速
射炮現存於水警總部。

子夜鳴炮儀式

怡和午炮（The Jardine
Noonday Gun）

9. 澳門先生與「港澳 退休警察杯」賽馬

    一生傳奇，有「賭王」稱號，外國人稱他為 Mr Macao 的何鴻燊博士（Dr Stanley Ho Hung-sun）[9] 於 2020 年 5 月 26 日在香港病逝，享年 98 歲。若以中國傳統曆法計算，天地人各加一歲，積閏享年 101 歲。何博士 1921 年 11 月 25 日出生於香港何東望族，父親是何東之弟何福，他擁有中國、英國、波斯和猶太等多民族血統，但他自豪地說自己是中國人。他其實是一個典型的「香港仔」，在香港出生及讀書，在日本人入侵時，參與香港保衛戰，後往澳門避難及工作。五十年代回港經營建築致富，六十年代初與香港商人轉戰澳門博彩娛樂事業，七十年代在港創辦信德集團，他一直以香港為基地，居於港島南區。為表揚他對葡萄牙及澳門的貢獻，兩地均有「何鴻燊博士大馬路

9　他亦獲大紫荊勳章 GBM、大蓮花勳章 GML、大英帝國勳章 OBE、拿督斯理 Datuk Seri 等等榮譽名銜。

（Avenida Dr Stanley Ho）」，而在世界各地包括香港和內地以他名字命名的地方更是多不勝數。

其實何博士也是我們警務處的退役同僚協會（Old Comrades' Association）會長，協會在 1978 年成立後不久，他已擔任其中一位會長之職，他對會務非常關心，亦經常出席各項活動，成為很多會員的好朋友。前幾年他身體雖然欠佳，未能親身出席活動，但仍會派出他的私人助理和高級職員出席及支持。

1996 年，何博士倡議在澳門賽馬會舉行每年一次的「港澳退休警察杯」賽馬活動，後更加入廣東省公安廳退休警察會 [10]，聯繫粵港澳退休警務人員及家屬，成為每年一次的三地聯誼活動，非常受大家歡迎。何博士更送出免費來回港澳船票給退休同事及家屬，與眾同樂。

他又於多年前開始在每年新年春茗時，向本會長者派發「長者利是」，即使後來他未能出席，仍由公司安排利是派給長者們。

除何博士外，他的其中一位女兒更是少年警訊會長，協助推動滅罪及有益青少年活動。

會員非常懷念何博士及他對社會及協會的貢獻，相信每年的「港澳退休警察杯」賽馬和派發「長者利是」等傳統

10 該會已於 2014 年解散。

活動會與何博士的榮譽一樣永遠延續下去，不會因他的離去而停止。

港澳退休警察杯

何鴻燊博士擔任警務處退役同僚協會會長

香港警務處退役同僚協會

香港警務處退役同僚協會（Hong Kong Police Old Comrades' Association，簡稱退役會）在 1978 年成立，會員主要是根據合法退休條件退休的各級警察，或未屆退休年期，但獲批准提早退休／離職的各級警察，和在警務處退休的文職人員。當年倡導成立「退役會」是由政府牽頭及主導的，箇中原因也見港英政府管治手腕高明，在適當和有需要時籠絡人心，換取支持，在這背景和根據香港法例警察不可以成立工會的情況下，成為香港第一個退休警察協會。「退役會」是獲警務處承認的其中一個退休人員協會，其他包括後成立的皇家香港警察協會（英國）、香港警察退役人員協會（加拿大）和香港水警退休人員會。

1840 年，英國發動鴉片戰爭侵略中國，1841 年強佔香港島，率先建立一支警隊來維持治安及保護他們的財產，隨後 1860 年佔領九龍半島和 1898 年強租新界及離島 99 年，警隊亦相繼不斷擴大，唯一不變的是，以洋人為最高及主要管理層，其他種族的警察為中層，而華人為最低層，這情況直至英國不得不將香港歸還中國後才略有改善。因洋人和其他種族人士一般以合約形式聘用，約滿領了酬金後便離開香港，所以港英政府和當時警隊都不重視與退休人士的聯繫，特別是以香港為家的華人警察。直至

1967 年暴動後，英國政府檢討暴動成因及部署於 1997 年 7 月光榮撤出香港，開始實施改善民生工作和糾正社會貪腐之風，而另一方面亦希望獲得居港的退休警察和家屬支持，便將與退休警察保持聯繫的方案提上議事日程。

1976 年初，當時警務處長施禮榮（B. Slevin）指示他的福利主任韋祿全（B. Welch）籌組退休警務人員協會，他邀請了多位各級退休警務人員協助，目的是與退休同僚保持聯繫和獲得他們與家屬對警隊（乃至港英政府）的支持。不久舉行了第一次籌委會會議，經過他們與一些前輩兩年多的努力，最後制訂了會章及向政府申請註冊為一法定團體，在 1978 年 4 月 30 日於九龍警察總部正式成立。

香港警務處退役同僚協會會徽

10. 人羣管理 —— 小習俗成大盛事

在農曆新年期間，有些活動已跨越了宗教、文化和種族，成為香港每年盛事，吸引大量本地人和世界各地遊客參與，這表示需大量警力協助人羣及車流管理。近年更引入民安隊等制服團體協助，他們雖沒有應付衝突的執法權及能力，但仍在人羣管理中發揮很大作用，減輕警務工作的壓力。

那些活動在七八十年代前只是一些地區上居民的習俗，後來經不同媒體和電視劇等宣傳及吹捧，加上交通便捷和各方配合，吸引不同階層人士參與。

活動包括：年三十晚到黃大仙祠上頭炷香，年初一及過年期間到林村許願樹拋寶牒祈福，以及年初三去車公廟拜車公轉好運。

上「頭炷香」是民間習俗，在除夕夜邁進年初一的那一刻，向神靈奉上第一炷香，表達虔誠之意，亦作「頭彩」、「好意頭」。上頭炷香，有取頭頭是道、事事順利之意。因

為黃大仙祠每年除夕都舉行祈福儀式，稟告仙師，禮誦寶誥，踏入子時（午夜十一時），伴隨化寶鐘鼓，由主科帶領眾道長上「頭炷香」，祝願新一年國泰民安，百業興旺，市民豐衣足食，祛疾去災，很多善信和市民參與，成為年三十晚一項重要節目。

年初一的新界大埔林村拋寶牒許願，最初只是一些大埔漁民習俗，林村河可直出當年大埔海捕魚，很多漁民便在林村河邊建了天后廟，特別在過年時前來還神，感謝天后一年來的眷顧，使魚蝦大信，還神後的衣紙（寶牒）因木製漁船忌火，只有少部份火化（化寶），其餘只好捆上石頭拋到附近一棵榕樹上，因比焚燒安全，後來漁民更把寶牒拋上樹上代替焚燒，慢慢成了獨特的習俗。

年初三拜沙田車公廟的車公，車公姓車名胤，江西南昌五福人，是南宋（1127-1280 年）末的一名猛將，他護送宋帝昺逃避蒙古人追殺向南走到香港，途中病死於新界，尊其忠勇，奉為神明。沙田車公廟何時建廟有很多說法，更有說沙田車公其實是西貢蠔涌車公廟的孫云云。但較可信的是清嘉慶（1796-1821 年）年間的《新安縣志》，已有記載瀝源村下有車公廟。車公誕是年初二，新界鄉議局主席及沙田鄉事委員會一眾鄉紳根據傳統在車公面前替香港及沙田自身求籤，因而得名。而年初三為「赤口」，相傳容易發生口角，很多人避免拜年，便去拜車公，祈求身體健

康和來年好運。而車公神器——風車和鼓等被請進同日於沙田馬場舉行的賀歲賽馬，使更多來自各方的馬迷認識車公及其習俗。為容納越來越多善信，車公廟於 1991-1994 年在原有的車公廟前擴建成為今天的規模，而舊廟則隱蔽於後不對外開放。

每年年初二，新界鄉議局主席都替香港求籤。　　沙田車公廟車公神像

林村許願樹拋寶牒許願　　　　　　　　在黃大仙祠參拜的善信

11. 叮叮上的「文雀」

「笑聲笑聲、滿載叮叮（Catch a ride, catch a smile）」，是香港電車公司自 2017 年的新形象宣傳口號，這百年品牌自 1904 年起，穿梭香港島北岸兩端鬧市，滿載香港人和遊客美好回憶。這老古董除了是遊客必搭打卡焦點外，亦是港島主要交通工具之一，每天載運 20 萬人次遊走於港島各處，從堅尼地城駛入西環的新興酒吧區、上環退色中的海產乾貨鹹魚欄、中環金融心臟區、灣仔蘇絲黃餘韻、維多利亞公園的大英帝國餘威、蛻變的小福建、昔日夜夜笙歌的麗池、船塢變城的太古和漁火不再的筲箕灣漁港。

以往，電車一向是英資背景經營，與以華人職工為主的勞資關係時有緊張，曾經歷過幾次困難時期，包括：十九世紀初的省港大罷工；戰後 1950 年代，勞資談判破裂，引發政府執法公務員與電車職工衝突，結果流血收場，有歷史學者稱之為「羅素街流血」事件，地點正是今天銅鑼灣時代廣場。而於 1967 年暴動期間，部份電車職工亦積極參與罷工等。

在香港島未有地下鐵路之前，電車是港島主要交通工具之一，而電車路是其他交通公具的共用主要幹道，而電車司機罷工及將電車故意停於電車路上，一定造成港島北交通癱瘓。所以在七八十年代，有些交通警察和警察教車師傅是同時擁有駕駛電車執照，以防萬一。

另一方面，在七八十年代，有很多犯罪集團是專門在電車上「打荷包」，被稱為「文雀」，他們會用刀片鎅開男士褲袋和女士手袋，更有專業的「文雀」犯案後把刀片[11]含於口中脷底，亦有用硬卡紙置於報紙中，在擠迫車內向上頂走男乘客夾於恤衫袋的金筆等。

那時警察港島總區有一支專責打擊打荷包小組，名RAPPS（Regional Anti-pickpocket Squad），分成多隊於電車站及車內專門對付這些犯罪者。而當時在很多地方該小隊都設有瞭望站（Observation Post，簡稱 OP），觀察「文雀」活動及進行拘捕，中環常用那個是位於遮打道歷山大廈（Alexandra House），除可觀察到「文雀」活動外，最常見是看到一些男子「抽水」，即在電車站人多時在人羣中穿插，用身體接觸女性胸部及臀部等「突出部位」。相信今天也不例外，除以往手法外，更有用智能電話偷拍裙底春光等。各位女士，記緊提防「色狼」！勿只顧看自己的手機！

11 當年慣用由西德生產，非常鋒利的「老人牌」雙面刀片。

「老人牌」雙面刀片

笑聲笑聲、滿載叮叮。

警方不時提醒市民，在人多擠迫的情況下，要小心保管好自己的財物。

12. 告別怡東酒店

位於銅鑼灣的怡東酒店屹立香港 46 年，屬於老牌英資集團旗下，已於 2019 年 4 月 1 日結業，並重建為一所綜合商業大廈。

2019 年 3 月 31 日，隨着該集團午炮（Noon Gun）響起，酒店總經理范禮杰（Torsten Dullemen）宣佈酒店正式關門，在內參與告別派對的賓客和員工用中英文高呼：「We are Excelsior! Thank you for the support! Hope to see you again! 我們是怡東人！多謝支持！有緣再會！」很多人都忍不住流下熱淚。

怡東酒店對於我們於七八十年代駐守港島，特別是灣仔區的警察有很多特別的回憶。酒店於七十年代落成，高檔格局與周邊格格不入，景隆街一帶有很多食檔，特別在晚上，這一帶好像今天的台灣夜市，夏天的崩大碗涼茶到冬天的臘腸糯米飯都有，熱鬧氣氛直至零晨。鄰近的總統商場因有了酒店而使生意暢旺，商場內有一些皮革小店更

為我們度身訂做手槍袋和手扣袋等 [12]。

酒店地庫有一間非常有名的 The Dickens Bar，是當年很多同事流連的地方，亦有多位同事因在這裏醉酒鬧事或露械（不合法拔出自己配槍）而被革職，為了減少這類不愉快事件，於八十年代中期，警察內部把該酒吧列入黑名單（Prohibited Places），明令禁止所有警務人員到此消遣，直至後來人權法生效才取消這「不文明」禁令。

踏入八十年代，警官會所（Police Officers' Club）在對面海旁建成，步行前往必經怡東酒店地窖的輸水管隧道，經過午炮才可到達。為此，警官會所更特別開了一個出入口方便會員使用怡東酒店的隧道。會員亦多機會光顧該酒店的食肆，而很多退休回港短暫停留的外籍會員更經常入住該酒店，以便使用警官會所的設施。而會員更成為怡東酒店推銷會籍的對象，很多會員至今仍是他們的會員，享用該集團的優惠。

而喜歡郵學研究（集郵）的同事亦經常光顧怡東，因布約翰郵票拍賣有限公司（John Bull Stamp Auctions Limited）很早已一年多次租用酒店三樓一展覽室作郵票錢幣拍賣。而鮮為人知的是當年警隊有很多重要事情都是先

---

12 當時便裝人員是沒有政府發給的槍袋和手扣袋。

在怡東咖啡室或酒樓「傾妥」，有共識後才到警官會所會議室「拍板」作實。

　　有趣的是，怡東酒店和警官會所的命運有點相似，警官會所因方便港鐵興建沙中線而於 2014 年遭拆卸及後重建，而怡東酒店亦因讓路給商業大廈而遭拆卸及重建。

The Dickens Bar

昔日的怡東酒店

13. 軍警也會飲的 地道奶茶 —— 海安、金鳳、祥興與金門

　　香港早期有名的冰室奶茶是上環干諾道西「海安咖啡室」[13]，1952年開業時是在一塊新填地上，前臨海邊，以碼頭工人和船客為主要顧客，更是當時駐守「查船房（海旁警署前身）」的軍裝警察、政治部和緝私（海關）人員的指定飲茶地點，取名「海安」有「海上安全，風調雨順」之意，創辦人是香港紅茶及咖啡大王黃橋（同時亦是捷榮集團之創辦人），現已結業。

　　灣仔有五十年代開業的春園街「金鳳茶餐廳」，早年都是以勞苦大眾和光顧毗鄰印刷集中地利東街（已發展成喜帖街）的顧客為主，附近亦有特色的楊春雷涼茶（大廈被收購而結業）。1990年代前，這一帶龍蛇混雜，是三教九流

---

13 2022年結業，現由一家主打香港懷舊情懷的咖啡店遷入，改名翻新後仍保留海安歲月留下來的痕跡，讓情懷得以延續。

之地，更是毒品（海洛英為主）的集散及分銷站，而金鳳對面的「同心」飯店，更是老童（癮君子）聚腳地，但無阻「奶茶迷」去光顧。

　　齊名的跑馬地奕蔭街「祥興咖啡室」出名奶茶和餐包，早上一杯熱奶茶和一個鮮油或牛肉餐包是不二之選，咖啡室是分內外兩廳，早年內廳有澳門逸園賽狗轉播，熱鬧非常。今天雖已易手，但仍保留原貌，有「舊瓶新酒」之感。

　　南區則以「金門茶餐廳」為代表，除了奶茶出色（全港含咖啡因最高的奶茶之一），各款麵包、餅食更是陸上和避風塘上活動人士所愛。六七十年代，舊香港仔警署（現之蒲窩）曾分別用作偵緝（CID）和水警訓練學校，及後水警訓練學校遷到香港仔中心二期，而金門奶茶和餅食都是他們至愛。金門茶餐廳曾因新冠疫情短暫停業，但不久另覓了較細的舖位重新開業，繼續提供夠 Walt 數的奶茶，但出爐蛋撻和雞尾包等則成絕響。

那些年的海安咖啡室

金鳳茶餐廳馳名的奶茶和雞肉批

14. 皇都戲院與皇家倉

　　2020 年，北角皇都戲院大廈被發展商申請強制拍賣，以便統一業權進行重建，令這幢見證本港大半世紀娛樂事業發展的一級歷史建築物，再度因保育問題成為社會焦點。後來，新世界發展以 47.76 億元投得該大廈全部業權，同時宣佈，將為擁有 68 年歷史的前皇都戲院部分啟動保育計劃，復修、保留和重塑戲院古蹟的歷史面貌，包括天台俗稱「飛拱」的桁架建築。

　　皇都戲院以前可放映電影和供舞台演出，在戲院業全盛時期，這裏是高級演藝場地，戲院旁的商場亦是當年潮人勝地。在皇都戲院大廈內有一金舫舞廳，而在附近麗池則有一瓊樓舞廳。

　　在 1990 年前，皇都戲院是歸銅鑼灣警署管轄的。當年銅鑼灣警署位於電器道，岳王廟與銅鑼灣街市中間，現時已改建成一商業大廈，旁邊小休憩處是當年銅鑼灣警署的小花園。

　　皇都戲院大廈內商舖林立，內有舞廳和金舖等商舖，

而舞廳沒有帶來治安問題，儘管警察經常巡查，但舞廳負責人非常合作，每次查牌都會開燈，搬出長檯和企背摺椅放於舞池中間，方便警察檢查牌照及舞小姐和客人的證件，又將人客與舞小姐分開，更訓令舞小姐手拿身份證排隊供警察檢視。舞廳負責人更會備汽水、熱茶等飲料供警察飲用，查牌只是例行，負責人做了很好的把關工作，當然偶爾亦發現有通緝犯[14]和舞小姐使用假證或過期逗留等罪行。金舖則位於英皇道，是整條英皇道的第一間大金舖，這裏是負責金舖銀行巡邏的同事所頭痛的地點，由於這裏四通八達，人多熱鬧，打劫後非常易逃走或匿藏，只要走入人羣，走到附近的春秧街街市或匿藏於附近一帶的唐樓互通天台，便很易逃之夭夭。

　　皇都附近的「油街實現」藝術空間及活動中心是香港二級歷史建築，二戰前是皇家香港遊艇會會所，戰後被政府收回，改為政府物料供應處（俗稱「皇家倉」）及職員宿舍，直至 1997 年皇家倉才遷往柴灣老鼠洲。警察的制服、物料和裝備都是經皇家倉處理和分發的，所以那時每間警署都需要在每月或多月的士多期（定提貨日）派人提貨，提貨需時，加上人手操作，一般都需用上大半天，所以很多同事都利用此空檔到皇都戲院看戲，待貨物填滿豬籠車（大

14　一般不是大賊，多是欠政府錢而被通緝。

卡車）才「打道回府」！當時有些同事更因到「皇家倉」才
得悉該處有戲院和舞廳等，下班後都會來走走！

皇都戲院

「油街實現」藝術空間，這裏是昔日的「皇家倉」。

15. 當馬更 —— 奉旨賭馬

　　每年的年初三，香港賽馬會都舉行日間賽馬，名為賀歲馬，是每年農曆新年盛事。在場外投注站、電話投注和現今的網上投注尚未普及時，很多馬迷一早會到跑馬地馬場排隊等候入場，長龍由公眾柵入口伸延至跑馬地電車站，為方便人羣控制，馬會外牆邊建了穩固的鐵欄，需出動大量警力（藍帽子）協助。馬會會在開場前兩小時才讓馬迷進入，因滿座而未能進入者，只好企在欄外觀看，而馬場中的沙圈（俗稱草根霸王）亦不例外，位置雖差，沙塵滾滾加上寒風凜冽，但仍會很快滿座。

　　舊時主要在日間賽馬，每次賽馬必須僱用（租用警察 Hire of Police）一連藍帽子（170 人），每一連有四小隊（Platoons）加一指揮部（Headquarter）[15]，每一小隊有 41 人，[16] 其中三小隊負責馬會場外場內人羣控制，另一小隊負

15　指揮部由警司、總督察／高級督察、警署警長、警長各一名和兩名警員組成。

16　一小隊包括 2 名督察、5 名警長和 34 名警員，另外還有三部警車。

責押解現金到銀行。最有趣還是每一小隊都有兩名穿便裝的警員專責替同事落注買馬。另外，由於當時藍帽子沒有女警員，因此要由跑馬地警署派出一名女警員當馬更。

從 1973 年 10 月 1 日起，馬會開始舉辦晚上跑馬，自始香港日夜都可舉行賽馬活動，更深入民心，成為很多人生活的一部份，更是香港其中一個主要慈善團體。1978年，沙田馬場落成，成為世上其中一個最現代化的馬場。回歸前亦獲鄧小平祝福「馬照跑」，奠定在中國的地位。馬會早已無遠弗屆，使廣大市民受惠，而一眾馬迷亦樂於「鋪草皮」，輸了更戲稱做了慈事。

1969 年的快活谷

1979 年的元旦賽馬，馬場外實施人流管制。

16. 海鮮舫與水警

　　1960 年代末，太白海鮮舫東主王老吉集資籌建大型海鮮舫，由油塘灣的九龍中華造船廠負責建造，1971 年建造完成，同年九月拖往香港仔近田灣海邊進行內部裝飾，但不幸在 10 月 30 日發生大火，造成 30 多人死傷。後來賭王何鴻燊和商人鄭裕彤斥資重建新舫，買下發展及繼續經營權。珍寶海鮮舫新船最終於 1976 年末在深灣海上開業，香港仔海鮮舫進入三國鼎足競爭局面。

　　1978 年，香港仔進行填海工程，停泊避風塘的太白海鮮舫和海角皇宮被迫遷往深灣。太白海鮮舫和海角皇宮分別於 1980 年及 1982 年被珍寶收購，1991 年海角皇宮改名為珍寶皇宮，後因 1998 年金融風暴經濟不景而停業，於 1999 年末售出並拖往菲律賓。2003 年末，珍寶和太白海鮮舫重新裝修及組合，合稱為「珍寶王國」。

　　其實，除了在香港仔之外，青山灣（現今的屯門）和沙田亦曾有海鮮畫舫，青山灣於六七十年代都有一太白漁鮮

舫，以青山九節蝦、方脷和奄仔蟹最有名。後來因為發展
屯門青山灣需要填海而停業，昔日停泊的位置成為今天的
三聖停車場。

　　而沙田亦有一艘沙田畫舫，早於 1963 年起停於沙田
海，後遷往現時港鐵何東樓車廠位置，沙田於 1970 年代發
展及填海，畫舫被多次逼遷，於 1984 年結業及沉入沙田海
告終。 1986 年，飲食集團在沙田城門河興建了一所石舫，
但不再是浮於河水的船，名為「水中天」。

　　一直以來，海鮮舫東主及僱員都和水警關係非常良好
和密切，亦因水上警政的成功，包括不斷提升水警輪的性
能及增強火力，去剿滅那些活躍於香港海域的武裝匪幫，
使香港水域非常太平，利於漁業及水上各行各業發展。其
實百多年來，水上和鄉村的警民關係一向比市區好，大家
都能同舟共濟，唇齒相依。而珍寶海鮮舫更因較近黃竹坑，
亦成為位於黃竹坑警察
訓練學校（學院）同事
們喜歡光顧及招待訪客
的場所。良好的警民關
係亦造就很多海鮮舫僱
員子弟妹成為警隊一員。

　　早年警隊為了方便
管理海上秩序，特別招

早期水警輪寫上「水警」

募漁民及水上居民子弟（蜑家人）當水警，直至五六十年代，水警仍有 20% 左右是蜑家人。更有趣的是，在普遍認為「好仔唔當差」的年代，很多父母反對子女去當警察，但當水警（或稱水師）則例外，因為他們覺得當水警不等於當差，而當時的水警輪亦只寫上「水警」，直至九十年代船上的「水警」二字才改為「警察」。今天仍有很多人懷念「水警」的日子！

1971 年，珍寶海鮮舫在內部裝修期間發生大火，造成 30 多人死傷。

九十年代船上已改為「警察」

17. 吸食鴉片煙與飲咖啡

1970 年代當警察時，鴉片煙是當年普遍及常見的毒品，不久出現了三號海洛英（Heroine）和紅丸等新興毒品，價錢較鴉片煙便宜和吸食方便，吸引了一批較年輕和低下層的癮君子，使吸食鴉片煙成為較有錢和一些名伶的愛好，很多已年屆古稀，仙風道骨，更有一把「煙屎喉」。由於他們都是上癮了數十年，要戒掉猶如取其性命，所以很多鴉片煙癮君子是經常被拘捕，而法庭上的洋法官亦對吸食鴉片煙看得很輕，一般是罰款了事。這些吸食鴉片煙耆英，當中不乏受過高深教育及從事研究工作的學者，他們經常出入警署，因而慢慢成為朋友，在錄取口供或等候擔保的時候，時常閒聊及告訴我們一些有關香港早年的故事，當中更講述香港人飲咖啡的習慣其實是從吸食鴉片煙而來。

英國人佔領香港初期，英軍和來港的歐洲人與印度人已傳入飲咖啡的習慣，但華人仍是以飲中國茶和白開水為主，不知這些西洋飲料是甚麼。那時咖啡豆輸入香港，

一定經海路碼頭由苦力從船上擔抬托上倉庫，那些苦力因長期從事相同動作的體力勞動，身體不同部位出現的痛症非常嚴重及普遍，那時普遍最有效的止痛方法是吸食鴉片煙或飲鴉片煙水。在一些偶然機會下，有些苦力發現用洋人的咖啡豆煲水有提神及止痛功效，便檢拾在搬運時留下及壓碎的咖啡豆，用瓦煲以淆中藥方法將之煮成藥湯飲，和鴉片一樣，有提神和止痛作用，同樣是上癮，但比抽鴉片簡單和合法。咖啡湯慢慢取代了部份鴉片煙，成為提神止痛之藥，卻上了咖啡癮，有些人不習慣其苦澀味，便嘗試用不同方法去改良及加強藥效，包括加入雞蛋殼或中藥等去煮，亦有一些人加入在運輸時損壞了的罐頭煉奶來飲用，各式其式。

但飲咖啡一直是洋人和高級華人的日常和社交飲食一部份，普羅大眾華人一般只作為提神之用，和服中藥差不多，他們都是喜歡喝中國茶，因茶溫潤，價錢較平，而咖啡刺激腸胃，又昂貴，那時的咖啡一般是從歐洲和南美洲等地經長途海路運到香港，及後又經加工，所以不是一般市民可負擔，加上其苦澀味也不是華人喜歡的味道。

直至 1920 年代，東南亞特別是越南（法國人引入）開始有咖啡出產及外銷到香港，或經香港轉運到內地供洋人飲用時，香港街頭大排檔開始出現有咖啡（加煉奶）和其他油份較高的食物一齊進食，一般是用瓦煲煮破開的咖啡

豆，用盛載麵粉布袋做成的袋濾走咖啡渣，加煉奶飲用。在五六十年代年出現的冰室將港式咖啡和奶茶引入，咖啡加西冷（錫蘭）紅茶創出香港獨有的「鴛鴦」，慢慢成為冰室主要飲料及香港飲食文化一部份，更向內地和全世界推展。奶茶通俗學（Milktealogy）更成為一個研究香港乃至世界奶茶文化的文創項目。有趣的是，在六七十年代紙杯未普遍使用時，大排檔外賣咖啡和奶茶是沖在一個煉奶罐內的，半開的罐掩就是現今的杯蓋和手挽，今天看來，既環保又有特色。

鴉片煙包裝

第四章

警隊的社會角色

1. 第二次世界大戰
香港華人特務警察隊

　　1941 年中，港英政府意識到太平洋戰爭及日本侵略中國戰事難免會波及香港，因此鼓勵當時民事防衛組織加緊擴張，支援政府，負責治安及後勤等工作。除了正規及後備警察外，更成立了街坊自衛團隊，由各商店店員兼任，經費由各商號自行籌集，但因隊員未受警察工作訓練，未獲政府發給防衛武器。另一方面，由本地僑領及曾在內地參與抗日事務的羅棟勳大律師，發起組織華人特別警察隊（Special Constable）。這建議很快被當時的警務處長暨憲兵隊長俞允時（John Pennefather-Evans）同意及委任羅棟勳大律師為副警務處長，由副警司保加（P.E. Booker）及督察衞寧（T. Whelan）為主管，同時委任僑領陸靄雲為招募委員，莫慶榮、潘少聆為正副主席，成立第二次世界大戰香港華人特務警察隊（WWII HK Chinese Special Constabulary），辦事處設於中央巡理府二樓（位於今之大館），預算招募 3000 人。

1941 年 7 月，招募正式開始，很快已有 1000 多人申請，經嚴格挑選及每一入選人需由兩位有聲譽的人作良好品格擔保，很快便挑選出兩批共 200 位學員，在九龍太子道警察學堂進行為期一個月的訓練，包括：警例、步操及搶械使用等，教官有方奕輝和杜倫等，第一班 86 人於同年 9 月 18 日成功畢業，在中央裁判署（位於今之大館）由總裁判司沙利頓（Shelden）監誓正式成為特警，第二班 76 人亦於同年 10 月 27 日畢業。

由於參加人數眾多，改由已受訓及成績優異的特警負責訓練新隊員，在港島加路連山道南華體育會設立總部及訓練部，而在九龍旺角水渠道東樂戲院建立分部，後來更於北角太古船塢遊樂會設立訓練處，及擬定擴展到西區聖類斯工藝學校，後來因日本入侵而告終。

日本軍於 12 月 8 日早上攻擊香港，這時有約 500 名特警已接受訓練，被派往港九兩地協助維持治安及防空洞秩序，分發柴薪食物等工作，由於人手緊拙，需立即招募各新隊員經簡單訓練後便獲發臂章、警笛、警棍、綱盔及出勤證等，便奉派到各區防空洞協助服務，國民黨陳策將軍亦動員本地社團「忠義堂」兄弟協助運送食物等工作，那些避難入防空洞的人很多，單是位於加路連山道 11 號洞就擠了最少十萬人，日軍攻陷九龍半島時，有部份隊員隨英軍撤至港島繼續工作，戰事迫近，總部亦搬至跑馬地聖瑪

加利書院，皇后大道中陸佑行，最後解散前撤退至告羅士打酒店大堂。12 月 25 日下午 3 時 20 分收到「不抵抗命令」後，特警隊被迫解散，共服務了香港 18 天，負傷及殉職十多人。

香港陷落及特警隊解散後，在羅棟勳領導下，很多特警返回內地繼續抗日工作，有部份留在香港從事地下反日活動，秘密聚會地點是堅道「快活宮餐廳」。可惜的是，羅棟勳於 1942 年被日軍以私通盟軍及重慶政府罪拘禁，於 1943 年 4 月 12 日在赤柱集中營被槍斃。

1945 年 8 月 15 日，日本宣佈投降，英國軍艦於 8 月 30 日駛入香港，接收各機構及進駐各戰略位置，從集中營走出的前政府官員返回原有工作崗位。四位在港的前特警潘少聆、羅次卿、羅伯嫌及陳慕堯亦向俞允時警察司及沙輔頓副警司報告他們最新狀況，因那時極需人手，獲指令立即召集各前隊員歸隊工作，及於中環德輔道 265 號辦理重新入伍手續，有約 100 名隊員歸隊，後於滙豐銀行總行側的香港圖書館舊址由德建督察（Inspector Darken）主持成立戰後新特務警察隊，與不同國籍特務警察，香港後備警察和留港的三隊防空救護隊合併而成。直至 1959 年改組成今天的香港輔助警察隊。

羅棟勳大律師

香港華人特務警察隊特刊

香港保衞戰時期，香港華人特務警察隊的臂章。

2. 昔日前線紀律部隊助抗疫

香港對於瘟疫絕不陌生，最嚴重的一場要算是 1894 年 5 月所發生，在三個月內超過 2,500 人因感染疫症而死亡。當時香港人口只有 25 萬，有一半返回內地避難，為了應付這場瘟疫，軍人、警察、醫務人員和志願工作者一起動員，直至 1896 年才成功控制疫情。為了感謝在抗疫期間作出努力的人，當時政府特別鑄造了瘟疫獎章頒予他們。

記憶猶新的瘟疫是 2003 年的沙士，造成 1755 人染病和 299 人死亡，當時除了走在最前線的醫護人員之外，警察亦擔任一個非常重要的角色，包括在撤離一些受感染的居民到隔離中心和在急症室服務等，當時其實沒有甚麼保護裝備和衣服，警察冒着非常大的危險去履行職責，亦導致多名前線警員受到感染。正是當年沙士的經驗，警方自此學懂如何使用及購置保護衣物以應付不時之需，加上在 2008 年香港舉辦奧運馬術賽，當時有情報顯示，香港有機會受到恐怖和生化武器襲擊，故此購置了不少這方面的保護衣物。

自 2019 年新冠疫情的幾年間，大量現役和退役警務人員均參與抗疫工作。

警務人員需要良好的保護裝備。

在面對 2019 新冠疫情的幾年間，有人批評警務人員的裝備比前線醫護人員好，這其實是不公道的，因為警務人員是香港最前和最後的把關者，充足的準備是應有的，獲稱讚和學習才是正面態度，良好而高效的職安健是對各方面都有利的。

1894 年瘟疫獎章，政府當時頒予給前線抗疫的工作者。

　　疫情過後，每一位曾出力參與抗疫的人和機構組織都應該獲得讚賞，我建議仿效 1894 年的大瘟疫鑄造抗疫勳章頒給他們，以茲紀念及表揚他們的傑出貢獻。

　　瘟疫是不會永遠消失的，大家仍需努力！

3. 遍歷風浪的香港警察隊

　　2019 年 6 月 21 日位於灣仔軍器廠街一號的警察總部，灣仔警區及香港島總區等部門被示威者包圍超過 12 小時，受到示威者不停挑釁，警隊仍緊守崗位，作出驚人的容忍度，極度克制，相信避免了一場非常嚴重的衝突，雖然仍有人批評警隊不濟，但此舉已贏得世界各地市民和警隊的讚賞。說心底話，現今香港警隊的容忍和克制，世界上有哪一支警隊能做到呢？克制與容忍，確實是威武和文明之師，可是卻換來的屈辱，很多警察受傷，暴徒暴力衝擊行為升級。西方國家一些有立場的政客，根本沒有資格批評香港警察，明眼人在新聞和網上媒體等，都可一一看到他們的警察是如何強硬鎮壓騷亂！

　　希望這些不法行為不再發生，改以和平理性和守法的方式去提出及爭取隨着時代改變的訴求。為政者亦應如大器恢宏，開闊包容，廣潤胸襟，回應訴求，釐清事實，透過完善制度去修補撕裂。

　　回歸後的香港比港英時期更開放和民主，警察隊是政

府最前和最後的把關者，其高效及出色表現保證香港的社會穩定和良好治安，促使其繁榮和進步，警察總部被包圍，在回歸後時有發生，亦是體現香港多元和自由的一面。

過往較為觸目的警察總部包圍行動，包括在 2005 年 12 月 13-18 日香港會議展覽中心舉行世界貿易組織第六次部長級會議期間，有專程由韓國飛來示威的農民，由 12 月 11 日起發起遊行抗議，期間和香港警察發生零星衝突，直到 17 日事件演變成為騷亂，韓農當日下午在灣仔將示威行動升級，發動浪接浪的衝擊，突破警察防線和襲擊警察，企圖闖入香港會議展覽中心，以阻止世貿會議進行，其間曾包圍警察總部，最終需要施放催淚煙把他們驅散至告士打道，當日紅磡海底隧道更需要封閉。

2006 年初，一羣因反世貿而被控告的示威者，在舊天星小輪碼頭進行無限期絕食抗議，而民間監察世貿聯盟發起大遊行，於灣仔駱克道公園集合，要求儘快釋放被捕者，後來有 2000 多人包圍警察總部，但不久便被遊說讓出行車線及讓總部內的人出入，包圍直至半夜後才結束。

2014 年，發生佔中事件，有一名襲擊警察的示威者，涉嫌被警察毆打而引起一些人不滿，遊行到警察總部報案，隊伍被截停，後亦包圍了警察總部一段時間。2019 年 6 月 21 日，警察總部被示威者包圍十多小時期間，我有一位就讀香港大學的學生朋友正在總部內實習，他目睹並親

身經歷整個過程，他看到各人員的專業和克制表現，也禁不住説香港警隊是「世上最好和優秀的警隊」！

在這借用許冠傑的《洋紫荊》歌詞祝福香港：

捕魚小島，遍歷風浪。為未來香港，抱着希望，共謀方法，使她永安。路仍康莊，那用驚惶，望齊心一致，再破萬重浪。願明天香港，也是天堂。

2005 年於香港會議展覽中心舉行的世界貿易組織第六次部長級會議期間，韓國農民衝擊會場，被香港警察制止。

2014 年「佔中」期間，金鐘一帶的馬路被霸佔。

4. 警民關係

　　近期無論是警隊新一哥或舊一哥接受訪問時，主持人總喜歡問如何改善警民關係。其實警民關係在回歸後才多有提及而慢慢被提上議事日程，受到看重。在我當差的港英年代，幾乎沒有人認真重視的，有都是「口惠而實不至」，外籍上司喜歡說的「Paying lip-service」。仍記得我在安排跑馬地警署裝修時，提議在警署停車場增設一個訪客車位供報案人使用時，即時被拒絕，反駁我說：如果方便了報案人便會增加工作量，勿自找麻煩，更笑說如警署建在山上，少些人到更好，更表示越少接觸市民關係會越好。今天聽來有些不可思議，但細想又不是錯的。那時從來沒聽聞有長官希望改善警民關係，前線人員亦感受到警民關係越好工作量會越多，在街上巡邏，沒有人找他們便很容易過一天放工回家。

　　回歸後我當指揮官時期，警民關係是時常談論的，那時很多高級人員經常用種種方法希望投訴警察數字降低，更以投訴多寡來評核下屬，有一句口頭禪經常說：「如果多

俾人投訴，一定有一些東西是做得不好」，而慢慢演變成很多同事很怕被投訴，正面做法是儘量做好自己和忍耐，消極的就是不做不錯。事實上，過往很多監警會（投訴警方獨立監察委員會）裏的委員，基於對警方有偏見、政治考慮或其他目的而「指鹿為馬」，對被投訴的警務人員非常不公平。事實上，投訴警察的機制很早已被濫用，很多是不必要和技術上的投訴。最糟糕還是參與調查投訴的，有些是長期坐在冷氣房工作而不懂前線工作的人，更有些是一開始已假定被投訴人是有錯的。我當指揮官時，很多時候都不同意調查結果，不切實際和他們不了解前線人員在惡劣工作環境下的困苦，但不少上級都勸戒我勿多事，我亦曾因為要據理力爭而開罪了他們。

其實在任何時期總有些人不喜歡警察，當中包括作奸犯科和天生不喜歡政府的人，而不是由接觸警察而來。另外，亦有一些被假新聞謊言誤導而憎恨執法者的人。而那些接觸過而不喜歡警察的人，大部份都是與執行交通告票有關，很多人不清楚交通標誌是其他部門裝在道路上而不是警務處，警察只是負責執行，很多部門在交通標誌設置上，是沒有全盤計劃的，一般都是頭痛醫頭，腳痛醫腳，導致前線人員執法時非常困難，甚至有時是不可能執法的，例如：在街市或停車場前等候區設立禁區，而警區直接負責交通問題的一般是較低級，甚至是缺乏這方面經驗，沒

有能力跟其他部門周旋，遑論全盤計劃去看整區的交通問題，因而使前線人員在執法時，容易與駕駛人士發生爭執而影響警民關係。警察是政府的第一線，很多時其他部門做得不理想都會影響警民關係，例如在行人專區，負責執法的是其他部門而不是警察，但往往很多人對行人專區的管理不善，卻怪罪於常見到的警察。

　　警民關係是雙向的，關係不好，最終受害者也會是普羅大眾。

監警會委員嘗試穿着交通保護衣服。

警方呼籲市民，切勿輕信謊言。

5. 2019年香港再委任 特務警察

　　2019年中，香港因修訂《逃犯條例》草案引發社會動盪，警隊全力「止暴制亂」，因多月來動亂持續，規模龐大及在多區同時發生，加上暴力程度嚴重，警方前線人員需要加大支援，政府引用《公安條例》第40條的委任權力，特首授權警務處處長，委任其他紀律部隊的合適人員，自願成為「特別任務警察」（Special Constable，簡稱特警）。

　　根據《公安條例》第245章第40條：行政長官授權警務處處長委任特務警察，獲委任的特務警察，出更時的職責、權力、保障及豁免權，均與香港法律所委予或授予警務人員相同。警務處處長亦可根據《警隊條例》第232章第24條僱用臨時警務人員，臨時警務人員的服務條件及可行使該職級的權力及特權限與相等職級的輔警人員相同。又根據《基要服務團條例》第197章第4條，行政長官可招募和維持一個名為基要服務團的團體，以協助維持或執行條例內訂明的24項基要服務，包括：政府行政、監獄行

政、管理及控制、消防服務的維持等。

時任警務處處長盧偉聰於 2019 年 11 月 14 日委任約 100 名懲教署人員為「特警」，他們主要來自懲教署俗稱「懲教飛虎隊」的應變大隊，平日負責押解高風險囚犯及應付囚犯暴動等，配備防暴武器，.38 口徑手槍及警棍等裝備。經宣誓後正式入列，他們穿着自己部門工作服，手臂上有中英文的「特務警察 SC」臂章，主要負責守衛政府建築物，包括防暴、處理突發和指派的工作，他們每星期當更大約三天，試行成功後再委任其他紀律部隊人員擔任「特警」。同年 12 月，又委任了約 150 名來自入境署及海關的人員成為「特警」，分佈在禮賓府及律政中心一帶值勤。

其實委任「特警」並非甚麼新鮮事物，早於第一次世界大戰（1914-1918 年），因很多外籍警官參軍去歐洲戰場打仗 [1]，為應付人手不足，有 350 人獲委任為「特務警察」（當時亦有譯為特別警察）。戰後的 1915 年，他們與另一些人士合併為「特別後備警察」，分別組成英印籍、華籍與葡籍三個大隊，但後來因資金問題及社會回復平靜，不久便解散。

後來，隨着暴力案件增加，加上政治因素，香港於 1922 年發生了「海員大罷工」，繼而引發「省港大罷工」。

1　當年最終有 10 人在戰事中陣亡或被俘後殉職。

為了應付社會暴亂，已解散
的「特別後備警察」再次重
組，後改為永久「輔助」性
質。1959 年，警隊把在第
二次世界大戰時，由平民組
成的「特務警察」合併成為

來自不同紀律部隊的特務警察肩章。

今天的「香港輔助警察隊（HK Auxiliary Police Force），簡
稱 AUX」。

1920 年代，高級警官正在中央警署（今之大館）檢閱華人特別後備警察（制服領上編
號前有 R 字）。

6. 天后娘娘與水警淵源

　　我童年時在離島生活，每逢大時大節，很多時候都陪母親到附近一間天后廟拜天后。除了漁民喜歡拜天后，其實很多本地人都拜天后。有傳說是天后經常顯靈，尤其是在當年很多人從內地偷渡到香港的年代，如偷渡者能躲入天后廟，即使警察進來搜查都看不到他們，所以很多當年偷渡成功的人都會來拜天后，他們相信天后顯靈。但説穿了，其實只是很多同事在港英時期見到大家都是中國人，為生活來港，便乍作看不見，開了方便之門。其實早期很多警察都不願意拘捕偷渡者，直至後來實在太多人偷渡，而一些更犯上嚴重罪案，政府更把他們稱作非法入境者（Illegal Immigrant，簡稱 II），從此就大力打擊 II 了。

　　香港未被英國人佔領前已有很多常住民和漁民，當中有福建人及鶴佬漁民都喜歡拜天后，其他蜑民亦有拜水僊（仙）和洪聖爺。一般漁民及海上工作的人崇拜天后，認為天后能保佑眾人出海平安，所以沿岸海邊都建有天后廟，而現今天后廟的所在地就是當年的海岸邊，因一般是

建築在海邊，方便居於海上或使用海路的蜑家漁民和船員參拜，而位於西貢佛堂門的大廟灣始建於南宋時代。天后廟稱為大廟，不單是供香港漁民參拜，更是供途經香港往來內地與東南亞船舶參拜。而天后實際在香港亦很有影響力，香港有一區叫天后，而地鐵亦有一個天后站，而馬（媽）灣亦因媽祖而得名。

香港警隊早年的「水師」主要來自水上居民，所以拜天后一直都是香港水警的傳統，而有新水警輪下水，必定由處長率領船隊及各級同僚到大廟參拜，向天后稟告後才正式使用，祈求水陸平安。

天后不但在香港水陸都有廟宇，而在很多華人地方都有天后廟。在澳門不但有很出名的媽閣廟，傳說亦是澳門（Macau ╱ Macao）名字的由來，更有在路環聖方濟各聖堂內，相信是傳教士聖方濟於 1500 年代融合中西所創造的天后聖母像。而在台灣地區亦有很多馬祖廟宇，很多地區領導參選人，都聲稱得天后允許才參選。

天后又稱「媽祖」、「娘媽」、或「亞禡」等，生於北宋初年福建莆田湄洲，父親林惟愨是當時的海上「公安」，如用今天言語表達，她正是一名「差女」，傳說出生時天空佈滿彩雲，但到滿月都不哭不啼，故取名默，後來人稱為「林默娘」。她小時候天資聰穎，喜誦經禮佛，長大後有觀天及準確預測天氣變化的能力，29 歲時登上福建湄州一個山

峰，自此便不見蹤影，有説是羽化登仙，鄉民立祠供奉，
每年農曆三月二十三日是她的生日，因而定為天后誕。

水警新船公告

警隊高層出席新水警輪服役下水儀式

處長率領船隊及各級同僚到大廟參拜

7. 香港水警 —— 飛鴿傳書

　　香港早於十九世紀初，警隊已使用鴿子傳遞書信和文件的做法，主要是由位於尖沙咀水警總部（今之 1881 Heritage）送往香港水域的水警輪上。香港水警於 1900 年左右開始使用行程較遠的蒸汽船，船上裝有機關炮，用作保護香港東西面海域，而外海保衞仍是以英國海軍軍艦為主。信鴿傳遞的做法直到 1926 年水警引人無線電報才慢慢式微，但鴿子仍被屯養於尖沙咀水警總部，其後代已分佈在香港各區，今天海運大廈和五支旗杆下的空地常見到的白鴿，相信是當年的信鴿後代。現時 1881 Heritage 亦保留鴿舍在主樓外牆，説於十九世紀，信鴿乃當時水警總部與海上水警船艇之間傳遞資訊的工具。

　　以飛鴿傳書用於商業用途的，相信只有新西蘭的大堡礁島，距離本土奧克蘭市約 105 公里，用鴿子運送書信已有十年多，因島上沒有定期輪船服務來往本土奧克蘭，大堡礁的鴿子書信局（New Zealand Great Barrier Island Postal Pigeon Service）於 1897 年成立，用鴿子

傳遞簡單信件，每一鴿子可攜帶最多五封信，信紙是用專用小和薄的特制紙，稱為「flimsies」，鴿信稱為鴿子郵簡（Pigeongram）。因為生意興旺，同年更有另一家書信局加入競爭，他們更發行自己專用的公司郵票，作為付款票據，服務直至 1908 年島上舖設了電話線才慢慢停止。為了紀念這鴿子郵遞一百周年，新西蘭政府特於 1997 年 5 月 7 日發行了以當年鴿信局的公司郵票設計為基礎，發行了兩枚鴿子郵件百周年紀念郵票。

海運大廈和五支旗杆下見到大量白鴿。

除此之外，信鴿亦用於第一次世界大戰英、法和普魯士戰場上，協助傳遞軍情密報，代替人去當此非常危險的工作，更有很多信鴿於戰場上英勇「殉職」！

　　今天通訊發達，人類已忘記鴿子曾作出的貢獻和服務，有些人更覺得鴿子構成滋擾和傳染疾病，將他們毒殺。

舊水警總部大樓（今天的 1881）外牆仍保存了鴿子屋。

鴿子郵簡（Pigeongram）所寄出的信件

後記

　　做完這本書之後，又是另一本或多本書的開始，我當拍賣行顧問時，常有來自不同背景的客人前來查詢，甚麼東西是保值和經得起時間考驗的？我每次都不厭其煩地說：「世上只有一樣東西是永久保值及經得起時間考驗，就是不斷更新的知識」。黃金、名畫、珠寶、玉石、錢幣和郵票等只是有人喜歡才有價值，但大家只是該物件的暫託者，過客而已！知識則不同，不用眼光獨到和沒有任何風險，所學和所得的知識總會有用得着的時候，要讓自己的知識歷久常新，需保持一顆赤子之心和不恥下問，此乃是不二之法，知識大道，承傳之路，既寬且廣，留待大家去探索。

　　再一次多謝商務印書館把知識傳播及承傳。

　　共勉之！

何明新 頓首

2023 年 12 月聖誕節

寫於香港中環街市

鳴謝（排名不分先後）

陳惠芬女士

何曉儀小姐

何國昆先生

巫雪儀女士

何惠珍小姐

何惠愛女士

夏耀宗先生

夏鈞俊醫生

黃維傑先生

香港警務處

香港警隊博物館

香港大學圖書館

香港中央圖書館

星島報業集團

頭條日報

普藝拍賣有限公司